U0519384

21世纪普通高等院校系列教材

CHUANGXIN CHUANGYEXUE SHIXUN

创新创业学实训

陈玉萍　周燕华　主编

西南财经大学出版社

中国·成都

图书在版编目(CIP)数据

创新创业学实训/陈玉萍,周燕华主编.—成都:西南财经大学出版社,
2021.12

ISBN 978-7-5504-5158-2

Ⅰ.①创… Ⅱ.①陈…②周… Ⅲ.①创业—高等学校—教材

Ⅳ.①F241.4

中国版本图书馆 CIP 数据核字(2021)第 237720 号

创新创业学实训

陈玉萍　周燕华　主编

责任编辑:石晓东
责任校对:陈何真璐
封面设计:杨红鹰　墨创文化
责任印制:朱曼丽

出版发行	西南财经大学出版社(四川省成都市光华村街 55 号)
网　　址	http://cbs.swufe.edu.cn
电子邮件	bookcj@ swufe.edu.cn
邮政编码	610074
电　　话	028-87353785
照　　排	四川胜翔数码印务设计有限公司
印　　刷	成都市火炬印务有限公司
成品尺寸	185mm×260mm
印　　张	8.5
字　　数	204 千字
版　　次	2021 年 12 月第 1 版
印　　次	2021 年 12 月第 1 次印刷
印　　数	1— 2000 册
书　　号	ISBN 978-7-5504-5158-2
定　　价	38.80 元

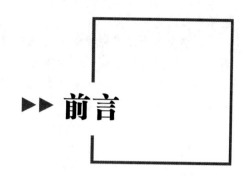

▶▶ 前言

　　创新创业教育是高等教育的一场深刻变革。创新创业教育本是大学教育的题中应有之义，因为大学追求的高层次目标就是培养具有创新创业能力的人才。面对全球化背景下日趋激烈的国际竞争，面对新一轮科技革命与第四次工业革命大潮的来临，高等教育中的创新创业主题，被前所未有地凸显出来。

　　为促进学校创新创业教育，我校特组织教师编写了本书。本书从实用角度出发，在编写过程中力求突出以下特色：

　　一是注重创业逻辑。本书篇章设计以创业过程为逻辑主线，始于创业认知，突出创业行动，聚焦创业准备，鼓励创业实践，关注创业风险，适度缩减新建企业的生存和发展内容。内容框架体系的设计体现了一般性的创业过程，旨在引导学生在创业行动中提升创业能力。

　　二是强化创业体验。每章以关键活动为抓手设计体验式创新训练——根据每章的学习目标，设计启发式训练、游戏实训、案例或情景实训、实践实训等模块。实训方式力求简洁实用，易于操作；实训内容力求与区域经济发展相结合、与学生实践相结合，以提升学生参与兴趣。如商业模式设计中，结合新疆本地馕产业发展，要求学生设计创业模式。

　　三是重视实训方法。每类实训模块均包括五大版块：实训项目内容、实训目的和要求、实训组织方式、实训步骤及时间分配、教师总结与评价。以"情境—思维—行动—评价和反思"为演绎路径，强化实践内容和实践过程设计，为学生提供真实的创业情境，以方便教师在课堂中选择使用，以方便学生在体验中提升创新创业能力。

　　四是凸显实训乐趣。在实训内容中插入精美的图片，图文并茂，以使实训内容更加生动、形象，帮助学生更快地进入创业情境。

　　五是丰富实训资源。结合创新创业前沿，以知识拓展或知识链接等方式融入创新创业最新理论和国内外创新创业实践，以丰富学生对创新创业的认知。

　　本书由新疆财经大学工商管理学院3个国家级一流本科专业建设点之一的工商管理专业建设项目资助，由新疆财经大学周燕华、陈玉萍教授共同主编。其中，第1、2章由陈玉萍教授负责编写，第3、6章由周燕华负责编写，第4章由甘立双负责编写，

第 5 章由高强负责编写，第 7 章由李香盈负责编写，第 8 章由陈妍负责编写，第 9 章由杨振兴负责编写，第 10 章由努尔比亚·艾孜孜负责编写。周燕华、霍彬负责全书的校审工作。在编写过程中，参阅和借鉴了大量相关文献，在此向文献作者和资料提供者表示衷心的感谢。

本书可作为高等院校创新创业教育课程的实训教材，也可作为创新创业教育的培训教材，还可作为有创新创业意愿的各界人士的自学参考书。

编者希望在今后教学中不断完善更新本书，也希望得到更多的意见和帮助。由于编写时间仓促，加之编者水平有限，书中疏漏之处在所难免，敬请广大读者批评指正。

编　者
2021 年 7 月

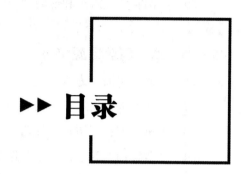

▶▶ 目录

106/ 第 9 章　新创企业管理

117/ 第 10 章　创业风险管理

第 1 章

创新与创业

本章课程学习目标

- 了解创新创业的基本概念。
- 了解创新与创业的关系。
- 理解创业的要素与一般过程。
- 熟悉当前我国大学生创新创业环境。
- 树立创新创业意识，能独立分析当前大学生创新创业的主客观条件。

1.1 实践实训：辩论赛——大学生创业利大于弊还是弊大于利

1.1.1 实训项目内容

（1）选定 2 组选手进行辩论，每组有辩手 5 人。

（2）正方辩题：大学生创业利大于弊。

（3）反方辩题：大学生创业弊大于利。

1.1.2 实训的目的与要求

学生需要正确认识大学生创业的利与弊，认识创业与就业的关系。

1.1.3 实训的组织

（1）材料准备：提前准备答辩资料，答辩资料包括答辩规则、答辩流程、奖品等。

（2）场地准备：多媒体教室。准备好答辩场地，提前做好展板和桌签等。

（3）学生准备：确定学生辩手和辩题；选出 10 位学生评委，由学生评委共同协商，确定评分标准。评分标准包括语言表达、逻辑思维、辩驳能力、临场反应、综合印象等方面。

1.1.4 实训步骤及其时间分配

（1）辩论赛准备。

辩手准备好答辩材料，选定答辩主持人和评委。教师可以发动学生干部，从而提高学生的组织协调能力。

（2）辩论程序。

主持人负责介绍本场辩题、参赛队辩题及参赛队成员、评委、辩论赛流程、规则和时间要求等。主持人介绍完后，按照比赛规则和程序开始比赛。

比赛正式开始后，辩论双方严格按照辩论规则发言。辩论时间 30 分钟：陈词共 12 分钟，正、反方一辩各发言 3 分钟，正、反方二辩各发言 3 分钟；自由辩论阶段共用时 10 分钟，每方用时 5 分钟；总结陈词阶段共用时 8 分钟，每方用时 4 分钟。

正、反方总结陈词后，评委对发言进行现场点评。观众可以在自由提问时间对自己所存的疑问向某一辩手提问，或者发表自己的见解，也可为自己喜欢的参赛队伍加油、呐喊。

（3）辩论结果。

根据评委意见投票选出本场优胜团队和本场优秀辩手，主持人宣布比赛结果并由专人为其颁发奖品。

1.1.5 教师总结与评价

教师应该结合学生辩论现场，分析大学生创业面临的环境，以及大学生创业的利与弊，引导学生了解大学生双创大赛的相关情况，激发学生的创业热情。

[资料链接] 　　　　　什么时候创业好？

调查发现，很多创业成功者其实都是典型的"大学生创业者"，他们用自己的实例证明了，中国大学生创业者也可以如扎克伯格、比尔·盖茨那样，做一个成功的大学生创业者。

当然，创业有风险，入行需谨慎，一个创业者必备的素质是能清楚判断形势并作出决策，究竟你是否要直接创业，还得你自己说了算。

如何判断自己是否已经准备好创业了呢？不妨静下心来问自己以下四个问题。

①对于即将创业的领域是否具有激情？

②你在即将创业的领域里，是否对产品或客户需求十分熟悉？

③你在创业遭遇挫折之后，是否能保持坚忍不拔、百折不挠的精神，仍然不忘初心？

④你有没有能力让自己的创业想法马上落地？

资料来源：舒晓楠. 创业基础 [M]. 重庆：重庆大学出版社，2017：30.

1.2　游戏实训：认识创业——母鸡、蛋和钱[①]

1.2.1　实训项目内容

本实训改编自贝腾创业研究院开发的基于计算机系统的创业教育游戏：母鸡、蛋和钱。该游戏通过选取人们日常生活中最熟悉的元素，以创业过程中的资源、机会、价值为主线，构建一个学习者之间可以进行资源交易、资源转换、机会与风险并存并能最终创造价值的虚拟的创业环境。基于上述设计，我们把虚拟的创业环境还原为现实交易。

本设计的逻辑思路为：鸡与钱生产出蛋；蛋与钱孵化出鸡；钱借出获得利息；鸡卖出获得钱；蛋卖出获得钱，如图 1-1 所示。

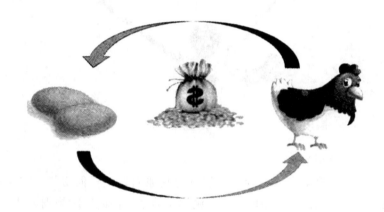

图 1-1　母鸡、蛋和钱

1.2.2　实训的目的与要求

学生需要体验创业过程中的资源、机会、风险和价值创造，在游戏中创新方式方法。

1.2.3　实训的组织

（1）场地准备：多媒体教室。
（2）道具准备：笔和纸。
（3）学生准备：学生分组，进行游戏对抗。

1.2.4　实训步骤及其时间分配

（1）介绍游戏规则（20 分钟）。
游戏设计逻辑如下：

① 本游戏实训的部分内容及图片均摘自李成钢. 大学生创新创业经营模拟实践教程［M］. 北京：中国纺织出版社，2018：4-6.

①鸡与钱生产出蛋。

②蛋与钱孵化出鸡。

③钱借出获得利息。

④鸡卖出获得钱。

⑤蛋卖出获得钱。

游戏简介如图 1-2 所示。

图 1-2　游戏简介

本游戏的设计介绍如下：

以现金及未收回贷款金额为准，大家可与其他人发生任何交易，在实验进行过程中任意走动及与他人交流。更多的游戏规则以实验系统内的实际规则为准。

本游戏的初始设定如下：

①2 元一个鸡蛋，50 元一只母鸡。

②一只母鸡每一轮可以下蛋 1 个，成本为 0.5 元。

③一个蛋两轮可以孵化一只鸡，成本为 5 元，每次的交易成本设定为 1 元。

④老师可以提供贷款，共有资金 1 000 元，贷款利息为 10%。

本游戏的资源分配如下：

每位创业者将随机得到唯一的创业资源，价值 100 元。创业资源包括：100 元现金、50 个鸡蛋、2 只母鸡。

学员在开始游戏之前需要将纸进行分割，按照前述条件设计出不同面值的纸币、蛋和母鸡，注意考虑纸币的大小面额。

（2）学生分组，进行交易（30 分钟）。

鸡、蛋、钱记录见表 1-1。

表 1-1　鸡、蛋、钱记录

	鸡/只	蛋/枚	钱/元	价值/元
初始状态				
第一轮交易记录				

表1-1（续）

	鸡/只	蛋/枚	钱/元	价值/元
第二轮交易记录				
第三轮交易记录				
第四轮交易记录				
第五轮交易记录				

教师在游戏中引导的问题如下：

引导一：创业资源的认识。

①本实验项目中，有哪些资源可以利用？请大家一起罗列。

②本实验项目中，请大家讨论获得哪一种初始资源更具有优势。

③本实验项目中，请部分同学分享突破资源瓶颈的经验。

引导二：创业机会的认识。

①本实验项目中有哪些机会？请大家一起罗列。

②本实验项目中哪些机会最容易获得？哪些机会最难获得？

③本实验项目中，请部分同学分享突破资源瓶颈的经验。

引导三：创业中的价值创造。

①本实验项目中有哪些地方可以创造价值？请大家一起罗列。

②本实验项目中哪种活动最容易创造价值？哪些活动较难获得价值创造？

③本实验项目中，如何看待最终各自手中的资源的价值？

（3）游戏结束。

游戏结束后，请学生总结创业机会及如何进行价值创造。

[注意事项] 教师应掌握全部游戏规则，控制节奏，在交易的每个环节，利用上述问题引导学生深入思考。

1.2.5 教师总结与评价

教师讲解体验的目的，鼓励学生积极参与课堂学习，并对创业机会、创业资源和价值创造等进行总结和评价。教师应该让学生认识到创业活动是不拘泥于现有资源的活动。创业资源可以根据创业者自身发展意图而发生变化；在资源匮乏或不足的环境下，创业者更需要付诸行动。创业机会每天都围绕在我们身边，每位创业者需要用心思考，用心发现。机会永远只给有准备的人。机会往往与风险相伴而来，把握机会的同时还需尽力避开风险。机会需要我们积极主动挖掘甚至创造。创业资源在转换过程中会发生资源价值的损益变化，创业者需要综合判断并分析损益情况。创业价值不仅仅包含获取利润，广义的创业价值包含为客户创造的价值、为员工带来的发展价值、为股东创造的经济价值、为国家和社会创造的价值。创业者需要掌握基础的财务知识，了解创业活动创造的价值。

1.3 情景实训：聪明的尤卡[①]

1.3.1 实训项目内容

（1）活动背景。

设计师尤卡在一次出国的旅途中，因腹泻而前往药店买药。他在语言不通的情况下画了一幅图（见图1-3），药店医师在哑然失笑的同时明白了他的来意，并开出适合的药方。当把故事背景作为前提，要求学生用图示的方式表达腹泻这一命题时，学生展示的画面不超过以下四种类型（见图1-4）。对比前后的差别，后者趋向于表现和腹泻有关的事物和具体的动态，片段式的符号的截取甚至还会引起理解上的歧义。前者恰恰用两个不相干的事物的组合，戏剧性地强调了信息的主旨。

图1-3　尤卡画的图　　　　　　　　图1-4　学生画的图

（2）活动内容。

如果你是设计师尤卡，因心绞痛而前往药店买药，在语言不通的情况下，你有什么好办法让医师尽快明白你的来意？请学生充分发挥自己的创新思维潜能，找到解决问题的方法。

1.3.2 实训的目的与要求

激发学生的创新潜能，培养学生的创新意识。

1.3.3 实训的组织

（1）材料准备：笔和纸。

---

① 本情景实训的部分内容及图片摘自郭金玫，珠兰. 大学生创新创业基础［M］. 上海：上海交通大学出版社，2017：19.

（2）场地准备：多媒体教室。

（3）学生准备：学生分组。

1.3.4　实训步骤及其时间分配

（1）背景资料介绍。以故事背景作为前提，要求学生用图示的方式表达这一命题，时间为5分钟。

（2）学生分组讨论并提交图示，时间为10分钟。

（3）课堂展示。每小组展示的时间为5分钟。

（4）小组互评。

（5）教师点评。活动结束后，教师评选出表达命题最具创意的一组同学，请他们谈一谈思维过程。

1.3.5　教师总结与评价

教师应该结合创新的含义、原则和类型，培养学生的创新意识，充分激发学生的创新思维潜能，鼓励学生积极投入创业实践。

1.4　实践实训：如何用 100 元赚钱？

1.4.1　实训项目内容

本实训项目的内容是：如果你拥有 100 元的创业基金，你将如何用它赚到更多的钱？

[知识拓展]　　　　　　如何用 5 美元赚到 500 美元？

斯坦福大学有一个叫斯坦福科技创业计划（Stanford Technology Ventures Program）的项目。Tina Seelig 是其中的明星导师，她的想法总是另辟蹊径。最近，她把自己的学生分成了 14 个小组，并给每个小组发放了一个带有"种子基金"的信封。但当他们打开信封的时候，发现里面只有 5 美元的启动基金。每个小组需要在 2 小时之内，用这 5 美元赚到尽量多的钱。然后在周日晚上他们将成果整理成文档发给导师 Tina Seelig 并在周一早上用 3 分钟时间在全班同学面前展示。每个小组有 4 天的时间去思考如何完成任务。

几个比较普遍的答案是先用初始基金 5 美元去买材料，然后帮别人洗车或开个果汁摊。这些点子确实不错，赚点小钱是没问题的。不过有 3 个小组想到了打破常规的办法，他们认真地对待这个挑战，考虑不同的可能性，创造尽可能多的价值。他们在 2 小时之内获得了超过 600 美元的利润，他们是如何做到的呢？

方法一：一个小组发现了大学城里的一个常见问题，周六晚上某些热门的餐馆总是排长队。这个小组发现了一个商机，他们向餐馆提前预订了座位，然后在周六晚上临近的时候将每个座位以最高 20 美元的价格出售给那些不想等待的顾客。在那一晚，他们观察到了一些有趣的现象：小组里的女学生比男学生卖出了更多的座位，可能是女性更具有亲和力的原因。所以他们调整了方案，男学生负责联系餐馆预订座位，女学生负责去找客人卖出这些座位的使用权。

方法二：一个小组在学生会旁边支了一个小摊，帮经过的同学测量他们的自行车轮胎气压。如果气压不足的话，这个同学可以花一美元在他们的小摊充气。事实证明：这个点子虽然很简单但具有可行性。虽然同学们可以很方便地在附近的加油站免费充气，但大部分人都乐于在他们的小摊充气，而且对他们提供的服务都表示了感谢。不过，在小摊摆了一个小时之后，这个小组调整了他们的赚钱方式，他们不再对充气服务收费，而在充气之后向同学们请求一些捐款。就这样，收入一下子骤升！这个团队和前面那个出售预订座位的团队一样，都是在实施的过程中观察客户的反馈，然后优化他们的方案，取得了收入的大幅提升。

方法三：一个小组认为他们最宝贵的资源既不是 5 美元，也不是 2 小时的赚钱时间，而是他们周一课堂上的 3 分钟展示。这可是世界名校斯坦福大学啊，许多公司都想在这儿招人。于是他们把这 3 分钟展示时间卖给了一家想招聘的公司，帮他们在课堂上打广告，赚了 650 美元。

资料来源：如何用 5 美元在 2 个小时内赚到 500 美元？［DB/OL］.（2016-05-30）［2020-11-20］. https://www.sohu.com/a/78512779_131762.

1.4.2　实训的目的与要求

培养学生的创新意识。

1.4.3　实训的组织

（1）资金准备：准备 1 000 元左右的现金。
（2）学生准备：学生分组。
（3）场地准备：准备展板及学生展示场地。学生应该提前抽签，安排好展示顺序。

1.4.4　实训步骤及其时间分配

（1）学生分组，并获取原始创业资金 100 元。此步骤需要在课前完成。
（2）学生讨论创业项目，并利用 1 周的时间去完成任务。各小组可采用头脑风暴法，创造性地思考可选择的创业项目及营销模式。

教师可以引导学生深入思考以下问题：

①选择一个什么样的创业项目？选择哪个行业？

学生可选择一家自己感兴趣的创业企业，查找并阅读以该企业为主题的相关资料。学生应该了解相关信息：这家企业是做什么的？和我们有什么联系？如果可能，你会去这个行业就业或创业吗？学生可以选择一些热点投资项目，如共享经济、人工智能及智能制造、3D 打印、长租公寓、自媒体、知识经济及知识付费、在线教育、社交软件、大数据行业、大健康产业等。

随后，各小组通过头脑风暴法讨论确定：有什么社会机会？可以解决什么样的社会问题？可以提供什么产品或服务？能够满足顾客的哪些"痛点"或"痒点"？

②创业模式的选择：如何在最短的时间内盈利？

你的目标顾客如何定位？你采取哪种方式盈利？成本主要发生在哪些方面？收入来源是什么？

③如何充分利用信息技术盈利？

如何充分利用国内知名的电子商务平台，如淘宝、易趣网、拍拍网等，进行用户注册、身份认证，自己联系货源，申请在网上开店。

（3）课堂汇报。各小组撰写并展示创业实训报告，包括项目介绍、运营过程、经营成果、出现的问题、实践心得和体会。各小组也可以针对创业实践过程录制微视频进行课堂展示。

1.4.5 教师总结与评价

针对在校大学生的特点，教师需要分析大学生创业可供选择的行业，以及如何结合创新进行创业，并对小组任务进行点评。

[知识拓展]　　　　　　　行业选择

（1）食品是指各种供人食用或者饮用的成品和原料，以及按照传统既是食品又是药品的物品，但是不包括以治疗为目的的物品。

食品行业主要包括：①畜产品行业；②水产品行业；③发酵制品行业；④粮油制品行业；⑤果蔬行业；⑥食品添加剂行业；⑦糖果行业；⑧保健食品行业；⑨休闲食品行业；⑩方便食品行业。

（2）饮料是指以水为基本原料，由不同的配方和制造工艺生产出来，供人们直接饮用的液体食品。饮料除提供水分外，在不同品种的饮料中还含有不等量的糖、酸、乳以及各种氨基酸、维生素、无机盐等营养成分，因此有一定的营养价值。

饮料行业主要包括：①酒；②碳酸饮料；③植物蛋白饮料；④果蔬汁饮料；⑤乳饮料；⑥植物蛋白饮料；⑦天然矿泉水饮料；⑧固体饮料（冲饮品）；⑨功能饮料；⑩茶饮料。

（3）餐饮行业：从事该行业的组织（如餐厅、酒店、食品加工厂）或个人，通过对食品进行加工处理，满足食客的饮食需要，从而获取相应的收入。由于在不同的地区、不同的文化下，不同的人群饮食习惯、口味的不同，世界各地的餐饮表现出多样化的特点。

餐饮行业主要包括：①多功能餐饮；②风味餐饮；③零点（散餐）餐饮；④中式餐饮；⑤西式餐厅；⑥自助餐厅；⑦快餐厅；⑧咖啡厅。

（4）手机是可以握在手上的移动电话机。随着手机的不断发展，它已成为人们生活中非常重要的工具，且功能多样化，从而衍生出各种各样的周边产品。

手机行业主要包括：①手机；②手机基本配件（充电器、数据线等）；③手机装饰配件（保护壳、屏幕贴等）。

（5）计算机俗称电脑，是一种用于高速计算的电子计算机器，既可以进行数值计算，又可以进行逻辑计算，还具有存储记忆功能。计算机是能够按照程序运行自动、高速处理海量数据的现代化智能电子设备，由硬件系统和软件系统所组成。

计算机行业主要包括：①台式机；②一体机；③笔记本电脑；④掌上电脑；⑤平板电脑。

（6）家电是指以电能来进行驱动的用具，可帮助执行家庭杂务，如食物保存或清洁。除了家庭环境外，家电也可用于公司或是工业的环境里。一般地，家电分为大型家电和小型家电。

家电行业主要包括：①制冷电器；②空调；③清洁电器；④厨房电器；⑤电暖器具；⑥整容保健电器；⑦声像电器。

（7）服装是穿于人体起保护、防静电和装饰作用的制品分类。服装是一种带有工艺性的生活必需品，在一定程度上，反映着国家、民族和时代的政治、经济、科学、文化、教育水平以及社会风尚和面貌。

服装行业主要包括：①女士服装；②男士服装；③儿童服装；④中老年服装。

（8）日化：即日用化工品，是人们平日常用的科技化学制品。

日化产业主要包括：①化妆品（含美容化妆品、清洁化妆品、护肤品、发用化妆品）；②洗涤用品（含皂类、洗衣粉、洗涤剂）；③口腔用品（含牙膏、漱口水等）；④香味剂、除臭剂；⑤驱虫灭害产品；⑥其他日化产品（如鞋油、地板蜡等）。

（9）互联网：即广域网、局域网及单机按照一定的通信协议组成的国际计算机网络。互联网是指将两台计算机或者是两台以上的计算机终端、客户端、服务端通过计算机信息技术的手段互相联系起来的结果，人们可以与远在千里之外的朋友相互发送邮件、共同完成一项工作、共同娱乐。

移动互联网是移动和互联网相融合的产物，继承了移动随时、随地、随身和互联网分享、开放、互动的优势，是整合二者优势的"升级版本"，即运营商提供无线接入，互联网企业提供各种成熟的应用。

资料来源：李成钢. 大学生创新创业经营模拟实践教程［M］. 北京：中国纺织出版社，2018：37-39.

1.5　案例实训：新东方俞敏洪的创业故事

1.5.1　实训项目内容

案例分析：新东方俞敏洪的创业故事①

俞敏洪，新东方教育集团（以下简称"新东方"）董事长、洪泰基金联合创始人、中国青年企业家协会副会长、中华全国青年联合会委员。

在创建新东方之前，俞敏洪的人生很平凡，甚至乏善可陈，不管在哪一个场合都是容易被人遗忘的那一个。谁能想到，当年经历三次高考才上了北京大学的俞敏洪抛弃了北京大学的铁饭碗，做起了民营培训班。

有人说，俞敏洪就像一本历经风霜的手抄本，一步一个脚印地在拼搏。

1962年，俞敏洪出生在江苏省江阴市夏港街道葫桥村。

1978年，俞敏洪高考失利后回到家里喂猪种地。由于知识基础薄弱，俞敏洪第一次高考严重失利，英语才得了33分；第二年他又参加了高考，英语也只得了55分，依然名落孙山。那时俞敏洪并没有远大的志向，作为农民的孩子，离开农村到城市生活

① 搜狐网. 俞敏洪传奇，那些你不知道的新东方创业故事［DB/OL］.（2018-07-17）［2020-11-21］. https://www.sohu.com/a/24177 3481_650638，有修改。

就是他的梦想，而在当时，高考几乎是离开农村的唯一出路。尽管生活条件比较艰苦，俞敏洪仍在煤油灯下坚持学习。

1979 年，县里办了一个外语补习班，俞敏洪挤了进去，这是他第一次学习外语。俞敏洪住在 30 人一间的大房子里，但当时他的感觉就是进了天堂：可以一整天都用来学习了，可以在电灯下读书了。到了第二年春节，俞敏洪的成绩在班里排前几名。功夫不负有心人，1980 年，俞敏洪最终考进了北京大学西语系。

1985 年，俞敏洪毕业后留在北京大学成了一名教师，接下来的两年便是平淡的生活。随后，中国出现留学热潮，俞敏洪也萌生了出国的想法。1988 年俞敏洪托福考了高分，但就在他全力以赴为出国而奋斗时，美国对中国留学政策收紧。以后的两年，中国赴美留学人数大大减少，再加上他在北京大学时的学习成绩并不算优秀，赴美留学的梦想在努力了三年半后付诸东流，一去不复返的还有他所有的积蓄。

为了谋生，俞敏洪在校外兼职教书，后来又约上几位同学一块儿出去办托福班，挣出国的学费。1990 年秋天，俞敏洪的如意算盘被打碎了：因为打着学校的名头私自办学，北京大学在校园广播、有线电视和著名的北京大学"三角地"橱窗里高调宣布了对俞敏洪的处分决定。对此，俞敏洪没有任何思想准备。

1991 年，俞敏洪被迫辞去了北京大学英语教师的职务，离开北京大学。但正是这些遭遇使他找到了新的机会。尽管留学失败，俞敏洪却对出国考试和出国流程了如指掌；虽然不能在北京大学待下去，但是他因此对培训行业越来越熟悉。俞敏洪找到他以前兼职的民办学校东方大学，希望能够借用东方大学的牌子，在外面办一个英语培训部。最后，双方达成协议，俞敏洪用东方大学的牌子办英语培训部，每年上交 15% 的管理费。

1991 年冬天，俞敏洪在中关村第二小学租了一间 10 平方米的教室，在外面挂一块"东方大学英语培训部"的招牌，便开始创业了。一间 10 平方米的小屋、一张破桌子、一把破椅子、一堆用毛笔字写的小广告、一个刷广告的胶水桶，除了脑子里的英语教学知识，这是俞敏洪白手起家的所有家当。最初，培训部只有俞敏洪和他妻子两个人。每天上午，俞敏洪都会冒着零下十几摄氏度的严寒，骑着自行车，拎着糨糊桶，四处寻找电线杆子粘贴广告。下午，夫妇俩就在培训部里虔诚地守候着，盼望来报名的学生。多年以后，新东方的三驾马车之一，创业元老徐小平这样评价："俞敏洪左右开弓的糨糊刷，在中国留学生运动史上刷下了最激动人心的一页华章。"

1993 年，俞敏洪创办了北京新东方学校。俞敏洪说，最初成立新东方，只是为了让自己活下去，为了每天能多挣一点钱。作为男人，快到三十而立的年龄，连一本自己喜欢的书都买不起，连为老婆买条像样的裙子都做不到，无家可归，连家徒四壁都谈不上，自己都觉得没脸活在世界上。当时他曾对自己说，只要能赚到十万元，就一辈子什么也不干了。

1995 年，俞敏洪已经意识到中国越来越多的出国留学生与改革开放有着密切联系。"这些留学生是一股强大的力量，尽管我不是其中一员，但我可以帮助他们变得更强大。"他还强烈意识到，要鼓励留学生回国发展，为祖国做出自己的贡献，于是，新东方提出要成为"出国留学的桥梁，归国创业的彩虹"。

学在北京大学，又在北京大学的讲台上站了多年的俞敏洪，凭借多年的刻苦钻研，以专家的身份在同业中很快就显示出不凡的身手。他和他的新东方将中国人望而生畏的托福、美国研究生入学考试（GRE）变成了福特汽车式的生产线，不断为全球范围内英语最高得分者贴上"新东方制造"的标签。彼时，新东方的学生已经达到一万五千人。此时俞敏洪已经能够感受到教育产业的魅力，有了稳固的后方和明确的信念，新东方步入了迅速发展的黄金时期。

教师出身的俞敏洪逐渐显露出他的经商才能，仅靠三招便打下了自己的江山。

首先是进行价格战。俞敏洪从来不讳言自己出奇制胜的法宝：让利于学生。当时的办学收费基本都在 300～400 元，俞敏洪只收 160 元，而且还是在 20 次免费授课以后，不满意可以不用交钱。这让新东方在付出沉重代价的同时也赢得了良好的声誉。而且，新东方免费赠送所有资料给学员。绝不让学生有上当受骗的感觉，是新东方恪守的信条。新东方还经常给学生惊喜，比如给大家发各种资料、赠送新东方的笔记本，这些"小礼物"培养了学生与新东方之间的感情，这也是新东方虽然没有刻意宣传但却具有良好口碑的原因之一。

其次是推出核心产品，他赖以成名的"红宝书"，也就是《GRE 词汇精选》。

最后是情感营销，俞敏洪向学生们讲人生哲理，进行成功学式的励志教育。他的授课方式幽默，课堂氛围轻松，深深地把学生们吸引了。俞敏洪觉得自己的成功和当过老师有关："老师做企业家是比较容易成功的。因为我们理解人性，知道如何满足学生的要求。"的确，他对学生心理的理解是深刻的，并充分利用了学生对老师的信任和崇拜心理，赢得了他人的信任。

1998—2000 年，新东方完成了从一个手工作坊向一个现代化企业转变的过程。新东方学校迅速扩张，为了使事业健康发展，俞敏洪开始寻找合作伙伴。昔日的同窗徐小平、王强来到了新东方，开始了新东方的"第二个黄金时期"。新东方教育也由兄弟式合伙企业到家庭式合伙企业再到股份制的上市企业转变。

此后，在别人开始模仿新东方时，它却向全方位的教育集团迈进。新东方以培训为核心，拥有亲子、少儿、中学教育、基础英语培训、大学英语及考研培训、出国考试培训、多语种培训等多个培训体系，还组建了出版公司，开启了远程教育，并在2006 年赴美上市。

历经了几十年的奋斗，截至 2020 年 8 月底，新东方已在全国 98 个城市设立了 112 所学校、12 家书店以及 1 472 家学习中心，拥有超过 42 400 名教师，累计面授学员超5 840 万人。2020 年 7 月，新东方入选由英国品牌评估机构品牌金融（Brand Finance）发布的 2020 全球最有价值商业服务品牌 50 强排行榜（Commercial Services 50 2020），排名第 28 位，是唯一上榜的教育服务品牌。2020 年 BrandZ 最具价值中国品牌 100 强排行榜中，新东方以 48.62 亿美元的品牌价值位列排行榜第 36 位，其品牌价值和排名再创新高，并连续 7 年蝉联教育行业第一名，成为中国最具价值的教育品牌。

1.5.2　实训的目的与要求

学生需要了解创业要素及创业过程。

1.5.3　实训的组织

（1）材料准备：将案例材料发给学生，引导学生讨论思考。
（2）场地准备：多媒体教室。

（3）学生准备：学生分组。班长在上课前通知同学们作好 PPT 及展示准备，安排展示顺序和展示过程并做好记录。

1.5.4 实训步骤及其时间分配

（1）教师下发案例材料，学生认真阅读案例。此步骤需要在课下完成。

（2）分组讨论。各小组分析俞敏洪创业的特点、创业的动因、创业过程及创业成功的关键要素。针对俞敏洪创业活动，结合你对创业活动的理解，谈谈你的感受和认知。各小组概括问题并形成正式的案例实训报告。每个小组需要将讨论要点或关键词记录下来，便于课堂互动。此步骤需要在课下完成。

（3）课堂分组展示。各小组展示案例讨论结果，每组时间控制在 6 分钟，重点阐述创业过程、影响因素及启示。

（4）小组互评。各小组对其他小组的展示成果进行评价。

1.5.5 教师总结与评价

教师对课堂内容进行点评，以最佳作品展示为样本，结合本章知识点，强调创业过程的关键要素、常见的创业类型等。教师需要根据学生课堂表现及实训报告质量来评定实训成绩，并对各小组作品提出相应的改进建议。

［资料小链接］《关于进一步支持大学生创新创业的指导意见》

"创新是引领发展的第一动力，抓创新就是抓发展，谋创新就是谋未来。五大发展理念①，'创新'摆在第一位，一定要牢牢把创新抓在手里，把创新搞上去。"

——《习近平治国理政"100 句话"》

党的十八大报告提出，要实施创新驱动发展战略。2014 年 6 月 9 日，在中国科学院第十七次院士大会、中国工程院第十二次院士大会上，习近平引用《礼记·大学》"苟日新，日日新，又日新"的名言，强调坚定不移创新、创新、再创新，加快创新型国家建设步伐；2015 年 3 月 5 日，习近平总书记在出席十二届全国人大三次会议期间指出："创新是引领发展的第一动力，抓创新就是抓发展，谋创新就是谋未来。"2019 年 3 月 10 日，习近平总书记在参加十三届全国人大二次会议福建代表团审议时强调，"要营造有利于创新创业创造的良好发展环境。要向改革开放要动力，最大限度释放全社会创新创业创造动能，不断增强我国在世界大变局中的影响力、竞争力"。习近平总书记关于"创新创业创造"的重要论述体现了为人民谋幸福、为民族谋复兴的初心和使命。

2021 年 10 月，国务院办公厅印发《关于进一步支持大学生创新创业的指导意见》（以下简称《意见》）。

《意见》指出，大学生是大众创业万众创新的生力军，支持大学生创新创业具有重要意义。要以习近平新时代中国特色社会主义思想为指导，全面贯彻党的教育方针，落实立德树人根本任务，立足新发展阶段、贯彻新发展理念、构建新发展格局，坚持创新引领创业、创业带动就业，提升人力资源素质，实现大学生更加充分更高质量

---

① 现已称为"新发展理念"。

就业。

《意见》明确，要加强大学生创新创业服务平台建设，优化大学生创新创业环境。校内各类创新创业实践平台面向在校大学生免费开放。鼓励各类孵化器面向大学生创新创业团队开放一定比例的免费孵化空间。提升大众创业万众创新示范基地带动作用，深入实施创业就业"校企行"专项行动。完善成果转化机制，做好大学生创新项目的知识产权确权、保护等工作，加快落实以增加知识价值为导向的分配政策。加大对创业失败大学生的扶持力度，鼓励有条件的地方探索建立大学生创业风险救助机制。加强大学生创新创业信息服务，及时收集国家、区域、行业需求，为大学生精准推送行业和市场动向等信息。加强宣传引导，总结推广各地区、各高校的好经验好做法。

《意见》提出，要加强对大学生创新创业的财税扶持和金融政策支持。加大中央高校教育教学改革专项资金支持力度。落实落细减税降费政策，做好纳税服务，强化精准支持。鼓励金融机构按照市场化、商业可持续原则对大学生创业项目提供金融服务，解决大学生创业融资难题。引导创新创业平台投资基金和社会资本参与大学生创业项目早期投资与投智。

资料来源：人民网. 国办印发意见进一步支持大学生创新创业［DB/OL］. （2021-10-21）［2021-11-20］. http://news. CCTV. com/2021/10/13/ARTILp × 8HVDFCkBtUuF8rNL0211013.shtml.

教学建议：教师在教学中要结合本章训练内容引导学生思考"为什么要创新创业"和"为谁创业"。

第 2 章

设计思维与创业机会

本章课程学习目标

- 了解创新的来源。
- 了解如何运用设计思维开展创业活动。
- 理解创意的产生过程。
- 掌握创业机会的识别和评价方法。
- 了解发现和创造创业机会的一般方法。

2.1 启发式实训：通过创新产生创业机会

2.1.1 实训项目内容

[背景材料]　　　彼得·德鲁克提出创新的七种来源[①]

（1）意外。一是意外的成功，没有哪一种来源比意外的成功能提供更多的成功创新的机遇，而且它的风险最小，求索的过程也最不艰辛。但是，意外的成功几乎完全受到忽视，更糟糕的是，管理人员往往积极地将其拒之门外。二是意外的失败。与成功不同的是，失败不能够被拒绝，而且几乎不可能不被注意，但是它们很少被当作机遇的征兆。当然，许多失败都是失误，是贪婪、愚昧、盲目追求或是设计、执行不得力的结果。但是，如果经过精心设计、规划并谨慎执行后仍然失败，那么这种失败常常反映了隐藏的变化，以及随变化而来的机遇。

（2）不协调。所谓"不协调"（incongruity），是指事物的状态与事物"应该"的状态之间，或者事物的状态与人们假想的状态之间的不一致、不合拍。也许我们并不

---

① 彼得·德鲁克. 创新与企业家精神［M］. 蔡文燕，译. 北京：机械工业出版社，2007.

了解其中的原因，事实上，我们经常说不出个所以然来。但是，不协调是创新机遇的一个征兆。引用地质学的术语来说，不协调表示下面有一个"断层"，这样的断层提供了创新的机遇。不协调产生了一种不稳定性，四两可拨千斤，稍做努力即可促成经济或社会形态的重构。

（3）程序需要。与意外事件或不协调一样，程序需要也存在于一家企业、一个产业或一个服务领域的程序之中。程序需要与其他创新来源不同，它并不始于环境中（无论内部还是外部）的某一件事，而是始于需要完成的某项工作。它以任务为中心，而不以状况为中心。它是完善一个业已存在的程序，替换薄弱的环节，用新知识重新设计一个程序等。

（4）产业和市场结构。产业和市场结构有时可持续很多年，从表面上看非常稳定。实际上，产业和市场结构相当脆弱，受到一点点冲击，它们就会瓦解，而且速度很快。产业和市场结构的变化同样也是一个重要的创新机遇。

（5）人口变化。在所有外部变化中，人口变化被定义为人口、人口规模、年龄结构、人口组合、就业情况、教育情况以及收入的变化等，最为一目了然。

（6）认知、意义和情绪上的变化。从数学上说，"杯子是半满的"和"杯子是半空的"没有任何区别，但是这两句话的意义在商业上完全不同，造成的结果也不一样。如果从看见杯子是"半满"的改变为看见杯子是"半空"的，那么这里就可能存在着重大的创新机遇。

（7）新知识。基于知识的创新是企业家精神的"超级巨星"。它可以得到关注，获得钱财，是人们通常所指的创新。当然，并不是所有基于知识的创新都非常重要。有些创新的确微不足道，但是在创造历史的创新中，基于知识的创新占有很重要的分量。然而，知识并不一定是科技方面的，基于知识的社会创新甚至更重要。

［讨论与思考］

（1）如今，我们的工作、学习和生活越来越离不开手机，有人认为现在市面上的绝大多数手机对老年消费者并不适用，应该专门为他们定制开发老人手机，你认为这是一个创业机会吗？如果是，它属于彼得·德鲁克提出的哪一类（或哪几类）创新？

（2）在2021世界移动通信大会（MWC）上，华为正式发布了华为5G to B解决方案，5G技术率先在钢铁行业应用。你认为华为的这个决定是一个好的创新吗？为什么？

2.1.2　实训的目的与要求

通过对彼得·德鲁克提出的观点进行思考，学生需要了解创新的来源，尝试从这些来源发现创新机会。

2.1.3　实训的组织

（1）材料准备：课前给学生发放阅读材料，引导学生提前思考。

（2）场地准备：多媒体教室。

2.1.4　实训步骤及其时间分配

（1）学生分组后，在课前完成材料的阅读，并做好相关问题的准备工作，形成主要观点，制作 PPT。

（2）学生通过 PPT 分组展示讨论结果，每组展示的时间应控制在 5 分钟。

（3）教师点评。

2.1.5 教师总结与评价

教师要引导学生理解创新对创业机会的重要意义，并引导学生基于创新发现创业机会。

2.2 启发式实训：通过挖掘用户痛点发现创业机会 ┠────────

2.2.1 实训项目内容

学生绘制用户旅程地图。

2.2.2 实训的目的与要求

设计思维是一种以人为本的创新方法。它从服务对象最根本的需求出发，将问题和挑战转化为创新的机遇，并通过快速设计原型及反复测试来寻找有效解决方案。学生需要了解设计思维的一项重要工具——用户旅程地图的基本结构，并参与绘制用户旅程地图，运用设计思维挖掘用户痛点，从而发现创业机会。

2.2.3 实训的组织

（1）场地准备：多媒体教室。

（2）材料清单：与用户旅程地图相关的材料。

（3）学生准备：学生分组。

2.2.4 实训步骤及其时间分配

（1）教师介绍用户旅程地图的有关内容（15 分钟）。

（2）以公司招待重要客户（餐厅就餐）为背景，学生分组绘制用户旅程地图（40 分钟）。表 2-1 为用户旅程地图。

表 2-1　用户旅程地图

	人物				情景		期望	
主要阶段	预定				到店	候餐	就餐	离开
行为流程	行为 1	行为 2	行为 3	…	…	…	…	…	…	…	…	…
感受/想法								

表2-1(续)

情感波动	满意				
	一般				
	失望				
痛点/机会					

绘制用户旅程图的注意事项如下：

①行为流程。用户旅程地图实际上就是一个大表。

②感受/想法。该栏只需要陈述用户对各项活动结果的主观感受，不做评价。

③情感波动。该栏描述用户在体验中的情感变化。学生可以用表情图案或者其他符号标识，最后用线将这些情感波动符号连起来。"失望"的活动一般意味着痛点。

④痛点/机会。该栏填写存在的问题、可以改进的方面。

（3）学生分组展示所绘制的用户旅程地图。

（4）教师总结。

2.2.5　教师总结与评价

教师要引导学生注意以下几点。

（1）在"行为流程中"可以运用头脑风暴法梳理用户的行为。

（2）当一个行为结果出现两种感受（例如，一般和不满意）时，要优先考虑用户不满意的感受。

（3）在重视用户痛点的同时，还应考虑如何进一步提高用户满意度。

2.3　实践实训：创意的产生

2.3.1　实训项目内容

本实训项目的内容为创意产生的基本过程，包括设定挑战、自由联想、强化联想、形成未加工的创意等活动。①

2.3.2　实训的目的与要求

培养学生创造和开发新创意的思维方式，培养在创造过程中需要使用的自由联想的技能。

2.3.3　实训的组织

（1）材料准备："清空大脑工作表"（可以是空白 A4 纸，至少给每个学生 3 份工作表）、便利贴（每个学生一包）。

（2）场地准备：多媒体教室。

（3）学生准备：学生分组。

---

① 海迪·M. 内克，帕特里夏·G. 格林，坎迪达·G. 布拉什. 如何教创业：基于实践的百森教学法［M］. 薛红志，李华晶，张慧玉，等译. 北京：机械工业出版社，2018：163-167.

2.3.4 实训步骤及其时间分配

（1）设定挑战（15分钟）。

设定的挑战可以由教师确定，让全体学生一起思考，也可以让每个学生自己来设定挑战。全体学生共同应对的挑战可以是：我们应该如何解决校园里的浪费问题？我们如何创造一个更好的咖啡杯等。无论是什么样的挑战，学生们都必须将挑战写在便利贴上，并将便利贴放在自己面前。一旦挑战被清晰地写在了便利贴上，教师就可以分发给每个学生3份"学生清空大脑工作表"。

（2）自由联想（10分钟）。

①老师向学生提出下面的问题。

"如果你要开发一种新咖啡杯，你能联想到什么？"

答案可能是坐在一家咖啡店、喝咖啡、测试各种各样的杯子、阅读咖啡贸易出版物等。这种联想可以帮助你激发新创意。

②快速玩一个词语联想游戏："如果我说男孩，你会联想到什么？我说猫，你会联想到什么？我说红色，你会联想到什么？"这个游戏以人物、物品、颜色等作为刺激，以此产生更多其他事物。我们可以做一些与之类似的练习。

③在接下来的3分钟里，写下当你思考放在你面前的挑战时所想到的一个词语或者一个非常简短的句子。这3分钟并非思考创意的时间，只是在挑战的基础上进行自由联想。你需要写下任何你所想到的东西，即便你不认为它与挑战有联系。需要注意的是，每张便利贴上只能写一个关键词。

再一次，你可能想举个例子重温咖啡杯的挑战。当你想开发一种新咖啡杯时，你能想到的所有单词是什么？烫、漏水、开车去工作、环境、口味、休闲、厨房等。学生们需要在每张纸上写下一个关键词，其目标是产生许多被写上字的便利贴。

（3）强化联想（15分钟）。

①上面所提及的自由联想是以小组或个人形式所做的头脑风暴中的一部分，这是比较常见的方法。接下来的强化联想阶段仍然需要我们自由联想，不过我们自由联想的对象并不是那些挑战，而是前一阶段中我们自由联想所得出的关键词。学生可能需要重复和明晰这些关键词很多次。

②学生随机抽取自己写的4张便利贴，将它们分别放到"清空大脑工作表"的四个角上。

③对这4个便利贴上的关键词进行1~2分钟的自由联想。

④运用多种方法重复以上做法3次，形成3张不同的"清空大脑工作表"。学生可以选择依次对每个角的内容自由联想30秒。学生也可以同时思考1个、2个、3个或所有角上的关键词。

学生也可以与邻座的人进行交换，自由联想对方"清空大脑工作表"角上的关键词。

⑤无论采取何种方法，学生都必须将关键词写在"清空大脑工作表"而不是便利贴上。关键词可以写在"清空大脑工作表"的任何一个地方。

（4）形成未经加工的创意或种子创意（15分钟）。

①这是产生未经加工的创意或种子创意的时刻。我们的目标是创造尽可能多的创

意来完成最初的挑战。这些创意并不需要特别完整甚至可以不具有可行性。它们可大可小，可以是无聊的、令人兴奋的、大胆的、疯狂的或是幻想的。没关系，只要你能产生大量创意就可以。

②种子创意必须来自"清空大脑工作表"。我们来重温一遍咖啡杯的例子。想象一张"清空大脑工作表"，它的上面有这样一些词语：漏水、烫、早上开车、交通、昏昏欲睡、星巴克、哥伦比亚、汽车、饮料架、糖、甜、热量、冰淇淋等。你能从这些关键词中产生哪些关于新咖啡杯的想法呢？一个未经加工的创意或种子创意可能是这样的：每个咖啡杯都有一个杯架，这样你就不用担心杯子倒掉。另一个创意可能是一个带有防漏盖的终身保修的马克杯。这些种子创意并不能算是很棒的创意，但这是一切的开始。在接下来的步骤中，这些创意可以组合或塑造成真正的机会。

③不要考虑种子创意的可行性或专注于想出一个完全真实的创意，这只是一个初步概念。

④继续强化联想，直到你在每张"清空大脑工作表"上都"播种"了至少 3 个种子创意。

（5）精心设计一种解决方案（45 分钟）。

①将学生分组，每 4 人一组。每位小组成员都应该分享其最喜欢的创意。

②在分享创意之后，小组成员共同工作，将这些种子概念组合为更大胆、更具创新性的创意。鼓励学生尝试着将每个创意中最好的部分组合起来。注意：如果学生只是独立应对个人的挑战，这部分练习则不会发挥作用，除非全班同学共享同一个挑战。

③每个小组有 1 分钟的时间展示最终创意。

④教师将每个解决方案写到黑板上。当所有的展示都完成后，所有小组投票表决，选出一个解决方案进入下一阶段的概念开发阶段，然后讨论后续步骤应该是什么。这对于鼓励针对新创意的行动导向是很重要的。

2.3.5 教师总结与评价

教师应该引导学生总结以下问题。

（1）哪些方面是值得反思的？对你来说，哪些方面是简单的？哪些方面是困难的？

（2）创造力在创业活动中起到什么作用？创造力在创业思维中有多么重要？结构和流程是否会抑制创造力？

2.4 情景实训：设计思维体验

2.4.1 实训项目内容

情景：设计未来教室①。

2.4.2 实训的目的与要求

学生应该根据给定的情境，设计思维体验活动，体验设计思维的完整流程，了解

---

① https://wenku.baidu.com/view/e374a9540875f46527d3240c844769eae109a3cb.html.

设计思维。学生相互合作，产生新的创意点子并且设计出以人为本的解决方案。

2.4.3　实训的组织

（1）材料准备：A4 纸和笔。
（2）场地准备：空教室。
（3）学生准备：学生分组。

2.4.4　实训步骤及其时间分配

（1）从教室内随机选出 N 人（N=学生人数的 10%，如 50 个学生 N=5），这 N 个人需要站到讲台上。

（2）给这 N 个学生每人两张 A4 白纸和 3 分钟的准备时间，然后给大家做演讲，告诉大家准备建一个怎样的教室（在这 3 分钟时间里，这 N 个同学不能回到原来的小组或者位置）。学生需要深入了解：为什么会建这样的一个教室？这个教室满足了老师和学生的哪些需求？

（3）其他的同学每人拥有 1 张 A4 白纸，稍后可以选择加入某个设计者的团队。

（4）学生演讲完毕后，教师将学生带到另外一个空的房间或空地。每人选定一块区域开始进行构建，其他人会随后加入。

（5）之后每隔 2 分钟，随机挑选一批教室内的学生（一共分 4 批），每人一张 A4 白纸进入到最先的设计者当中，并请这些学生"加入其中的任何一组，目标是构建未来教室，尽你所能帮助他们"。

（6）需要大家在 20 分钟内完成，最后由小组进行汇报。

（7）活动反思，其具体问题如下：

①刚才发生了什么？
②A4 纸意味着什么？
③大家的未来教室构思一样吗？为什么？
④最终的想法和最初的想法一样吗？为什么？
⑤什么是设计思维？设计思维具有哪些特征？
⑥设计过程的本质是什么？

2.4.5　教师总结与评价

通过情景实训，教师需要引导学生认识设计思维模型。

［知识拓展］　　　　　　　　　　　EDIPT 模型

根据斯坦福大学设计研究院的研究，设计思维的基本流程主要包括以下五个环节：共情（empathize）、定义（define）、构想（ideate）、构建原型（prototype）和测试（test），简称 EDIPT 模型，如图 2-1 所示。

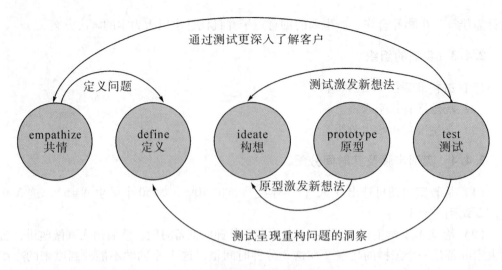

图 2-1　设计思维的基本流程

（1）共情（empathize）。共情对于以人为本的设计过程至关重要，它是设计思维实践中最核心的环节，是定义和解决问题的基础。共情需要对研究对象展开设计调研，运用问卷调查、访谈、观察、任务分析等调研方法，对用户展开深入调研，并对环境、现有产品及技术做基本分析。共情需要通过换位思考去理解用户的经历和动机，对用户的需求以及该特定产品开发背后的问题形成最佳理解。

（2）定义（define）。定义问题就是整合共情阶段创建和收集的信息，分析和综合所有观察结果，找到用户的潜在需求和创新可能，产生一个有意义而且可行的对问题定义的表述。

（3）构想（ideate）。结合前期调研结果，针对创建的问题，运用思维导图、情境故事法和头脑风暴等方法展开设计构思，团队成员集思广益，产生尽可能多的优质设想和方案。将收集到的想法整理后，按照相似度进行分类并列出优先级，通过评审择优选择创意方案，进入原型制作阶段。

（4）构建原型（prototype）。构建原型是设计思维的关键部分，也就是实施环节，可以将最好的构想变成可供测试、优化和改进的实际产品或服务。在构建原型阶段，运用积木、草图、效果图等合适的方法展开进一步深入设计，细化设计方案，明确设计细节，将离散的想法或抽象的概念变成具象可感知的东西。任何类型的解决方案都可以制作出直观的原型，无论是产品、服务还是复杂的体验甚至是商业模式。

（5）测试（test）。测试是设计思维过程中必不可少的一步。对原型产品进行测试可以更深入地了解用户，通过收集和分析定量数据来验证定性结果，为验证假设和修正方案提供依据。测试结束后，针对用户的反馈进行梳理和分析，可以改进现有的原型，还可以根据新的构想创造一个更好的新原型，甚至可以重新提炼用户的需求，找到更精准的创新机会点寻求突破。通过不断验证、思考、改善和迭代，最终得到商业、技术、用户需求之间平衡的创新解决方案。

资料来源：徐敏雅，朱路生，何永鹏. 基于设计思维的创新创业课程教学模式研究与实践［J］. 农机使用与维修，2021（2）：102-104.

2.5 案例实训：李想的三次创业

2.5.1 实训项目内容

案例分析：李想的三次创业①

作为造车新势力的代表，理想汽车于 2015 年 7 月创立。2020 年，理想汽车仅凭借旗下唯一一款车型——理想 ONE 就实现了 32 624 辆的年销量，成为造车新势力中的佼佼者。理想汽车的创始人，同时也是第一大股东的李想是一个杰出的创业家，理想汽车已经是他创立的第三家公司。2000—2015 年，他的三次创业诞生了三家公司，其中两家是上市公司。

第一次创业：为了创业放弃高考。

李想 1981 年出生于河北石家庄，中学时的李想就对计算机表现出浓厚的兴趣，投入大量时间学习计算机知识。上了高中，李想凭借多年的知识积累，开始给《电脑报》《计算机世界》等知名 IT 杂志撰写文章。到了高三，除了上学，李想把所有时间都用在计算机上，像许多电脑迷一样，他也建立了个人网站，主要发布他对主流电子产品的测评文章。凭借出色的文字功底和详实的体验内容，网站的访问量越来越高，后来访问量超过了每天 1 万人次，这时广告商也主动找上门来。尝到互联网红利甜头的李想，有了一个大胆的决定，放弃读书，开始创业。2000 年，高中毕业的李想创立了泡泡网。

2005 年，泡泡网跃居国内第三大中文 IT 网站，年营业收入近 2 000 万元，利润为 1 000 万元，市场估值 2 亿元。而此时，李想却开始考虑转型做汽车资讯。李想说："在 IT 行业，只有做到一哥，你才有话语权和定规矩的资格，我发现自己每天即使工作 50 个小时，也超不过前两位时，我只有去寻找其他的增长市场。"要么不做，要做就做行业第一。于是，李想开始了艰难的转型，汽车之家出现了。

第二次创业：不顾反对，坚持转型。

2005 年，李想带领团队创建了汽车之家，但是公司从普通员工到高管一致反对这次转型，因为此时的泡泡网已经成为一个成熟的网站了，公司拥有稳定的收入，而转型做汽车之家，投资大、风险很高。几天之内，几百名员工集体离职，但这一切依然没有改变李想做汽车之家的决心。李想认为，创立汽车之家，原因有很多：首先源自他的爱好，他很喜欢汽车；其次，当时中国国内汽车市场正经历高速增长时期，未来前景一片光明；最后也是很关键的一点，在汽车资讯类网站行业中，竞争对手的实力远比 IT 行业弱，进入汽车行业后的生存压力相对较小。

有了做泡泡网的经验教训，这一次李想聪明多了。李想用以下方式经营汽车之家。首先，在汽车资讯上下功夫，解决好网站"吃饭"问题。李想一次性招了 30 多个大学生，组成自己的编辑队伍。其次，建立产品库。当时没几个汽车网站拍实图，用的图片全是精修过的，李想就给每个编辑发一个数码相机，去北京各大 4S 店进行"偷拍"，

① 资料来源：部分内容选自"李想照进现实：20 年三次创业，有生之年，立志再造一个丰田"［DB/OL］.（2020-12-30）［2021-01-05］. https://finance.sina.cn/stock/relnews/us/2020-07-30/detail-iivhuipn5960159.d.html.

对拍摄内容进行详细规定。最后，增强客户体验。从参数配置到产品报价，从车型照片到用户口碑，从静态评测到动态实测，只有你想不到，没有你看不到。就这样，没花一分推广费，汽车之家 2005 年的访问量就挤进了汽车网站前 5 名。

想要在汽车行业中稳居前三，就要烧钱，就需要拉投资。李想找到了薛蛮子，拉到 100 万美元投资。有了资金后，李想更加拼命，所有汽车网站周末都休息，汽车之家就让编辑团队增加一倍人力生产网站内容。一般来说，网站在浏览高峰期晚上 8—9 点都下班了，李想就让编辑两班倒。几招下来，汽车之家的访问量蹭蹭往上涨，很快就挤进了前三。2006 年年底，汽车之家成为汽车垂直网站的第一名；2013 年，汽车之家在美国上市，市值一度超过 50 亿美元。

第三次创业：为了热爱的汽车。

"我创业的心态，就和谈恋爱一样，做事业的时候，就全力以赴地去做，就和爱女朋友一样。当我发现我的全力以赴和爱没有结果的时候，没有办法达到我想要的婚姻和家庭的时候，我就会选择放弃，全力以赴去寻找一个可以和我组建家庭的爱人。"

2015 年 6 月 30 日，李想宣布离开汽车之家，第二天就宣布成立车和家（今天的理想汽车），正式开启新的"正确但不容易"的造车事业。

2015 年 7 月至 2019 年 12 月，历经四年零五个月，首批理想 ONE 整车下线，开启了理想汽车的交付之路。

2020 年 6 月 24 日，理想汽车已经完成 5.5 亿美元 D 轮融资。

2020 年 7 月 30 日，理想汽车在美国纳斯达克上市，募集资金近 11 亿美元。这是李想创业的第三家公司，也是第二家上市公司。

2.5.2　实训的目的与要求

通过案例分析，学生需要了解创业机会是什么，如何识别、评价机会，并在此基础上理解机会的发现与构建。

2.5.3　实训的组织

（1）材料准备：课前给学生发放案例材料，引导学生提前思考，完成准备工作。
（2）学生准备：学生分组。
（3）场地准备：多媒体教室。

2.5.4　实训步骤及其时间分配

（1）学生分组后，在课前完成案例材料的阅读，并做好相关问题的准备工作，讨论形成主要观点，制作 PPT。
（2）学生在课上通过 PPT 分组展示案例讨论结果，每组展示的时间控制在 6 分钟。
（3）小组互评。各小组对其他小组的展示成果进行评价打分，并说明打分理由。

2.5.5　教师总结与评价

教师指导学生完成相关知识点的学习；引导学生识别三次创业机会的差异性并做出客观分析与评价。

[资料小链接]　　　创业就是要创造属于自己的"职业"

"中国特色社会主义进入新时代，我国社会主要矛盾已经转化为人民日益增长的美好生活需要和不平衡不充分的发展之间的矛盾。"

——摘自习近平总书记在中国共产党第十九次全国代表大会上的讲话

"我从小就有一个梦想，想飞到天上，看看小鸟在天空飞翔的样子。"23岁的潘梦宁毕业于天津中德应用技术大学无人机应用技术专业。大学毕业后，潘梦宁回到家乡安徽宣城，成为安徽徽光智能科技有限责任公司的无人机驾驶员，负责无人机研制、试飞调试等工作。

2021年，潘梦宁加入了公司与中南大学产学研合作的研发组，利用自己的专业知识和实践技能，从事无人机功能模块的研发。他说，无人机行业正迅速从"时尚阶段"跃升到"大趋势阶段"，他想在这个领域一直"飞"下去。如今，与潘梦宁一样在新职业领域奋力奔跑的青年人还有很多。

当前，新业态、新模式、新产业正不断释放经济发展的潜力和动能。以高校毕业生为主体的青年群体，正紧跟新时代就业创业形势的变化，成为改变国家未来的鲜活力量。

一、新职业：就业新风口

前不久，王笙通过山东青岛青年实习实训公共服务平台获得了在松立控股集团股份有限公司前端开发工程师岗位实习的机会。

完整规范的公司制度、浓厚的企业文化氛围，给王笙提供了学习和锻炼的好机会。毕业后他直接被公司留用，担任研发部前端开发工程师。

"我们年轻人喜欢尝试新鲜事物，毕业前我就想找一家高新技术企业，挑战新兴的职业和岗位，这个平台成为我实现人生目标的'敲门砖'。"王笙说。

人工智能训练师、数字化管理师、物联网安装调试员、全媒体运营师……一个个形态多样、分工精细的新职业，伴随着新技术、新产业、新业态的快速发展，正如雨后春笋般蓬勃兴起。新形势下，各地人力资源和社会保障部纷纷迈出探索步伐，在政策支持、服务保障、平台搭建等多方面为青年就业创业保驾护航。

2021年，青岛市搭建的青年实习实训公共服务平台，在青年人中间引起广泛关注和好评。"我们创新搭建的青年实习实训公共服务平台，是国内首个由政府部门创建，连接用人单位、学校、见习实习人员，集见习实习基地申请、岗位对接、线上签约、校企对接、见习补贴申报于一体的公共服务载体。同时，我们还同步开发了'小青才'实习掌上平台，目标就是为大学生等青年人才提供更加优质、便捷的岗位对接渠道。"青岛市人力资源和社会保障局负责人说。

青岛市通过青年实习实训公共服务平台，汇聚全市见习实习岗位资源，为大学生见习实习提供"云服务、云对接、云监测"，从而提升大学生岗位实践能力。2021年1—7月，青岛市已认定见习实习基地710家，提供工作岗位4.6万余个，共有1.28万人见习实习。

面对青年就业新趋势，宣城市在聚焦重点、突破难点、解决痛点上破题解局，鼓励技工院校新增相关专业，有条件的职业技能培训机构开设相关工种的职业技能培训，加强对新职业人才的培养力度。到2021年7月底，宣城市为4 200余名新职业就业人员提供就业创业政策解读和扶持，为160余名高校毕业生办理高校毕业就业"打包一件事"，开展工业机器人制造工、互联网营销师、健康照护师等新职业技能培训，培训人数600余人次。

2021年3月，中华人民共和国人力资源和社会保障部发布了集成电路工程技术人员、企业合规师、公司金融顾问、易货师等18个新职业。这是《中华人民共和国职业分类大典（2015年版）》颁布以来发布的第四批新职业。

随着经济社会发展和技术进步，新职业不断诞生，既支撑和带动了相关产业、行业发展，又成为青年人才就业的新风口。

二、新创业：时代新风尚

"大家好，我是灵儿，我们又见面啦！对爱喝水的女孩子来说，有时候杯子拿在手上会觉得太冰冷或太烫手，这款有背带的杯子，就完美解决了这个问题……"一进入直播间，灵儿妙语连珠，不到半小时，直播间就有近万人围观。

1996年出生的灵儿原名是王丽英，她只身一人从河南来浙江义乌打拼，尝试直播带货，没想到不到半个月就在直播平台上收获了近10万粉丝。

"义乌有10家大规模直播机构，2 000多名'明星主播'，电商从业人员超50万人，直播带货创业氛围浓厚。"灵儿说，她先后在抖音、快手等直播平台收获了近百万粉丝。

为顺应新形势下青年就业创业需求，2020年5月份，义乌市人力资源和社会保障局为19名"带货网红"颁发了电商直播专项职业能力证书。

2021年以来，义乌市人力资源和社会保障局借数字化改革之机，主动转变服务方式，积极谋划人才就业创业领域数字化场景应用，充分激发"云招聘""云培训""云服务"等数字端乘数效应，率先推出人才全周期服务"掌上办"App、义乌"i人才"平台，开发"人才创业通"场景应用，推动实现人才政策"一指享受"、人才创业"一路指引"、人才服务"一码通行"、人才贡献"一图展现"，打造全社会共同参与建设的人才发展生态，切实提升来义大学生的获得感。

在2021年宁波就业创业服务会上，宁波出台"甬上乐业"计划的10条新举措，从多方面解决了来宁波就业创业的各类人才的住房、户籍、子女上学、医保等方面的问题，赢得广泛好评。

宁波市人力资源和社会保障局负责人说，宁波市通过开展大学生创业大赛、创业新秀评选等形式多样的特色活动，积极引导和激励大学生自主创业；进一步提升创业政策扶持力度和精准度，对有创业意愿的高校毕业生，优先推荐入驻创业孵化基地，在创业培训、创业孵化、社保补贴等方面给予更大的优惠。

三、新农村：广阔新天地

2018年，曹宇阳选择参加"三支一扶"服务工作。被分配到柳州市三江侗族自治县同乐苗族乡人民政府的曹宇阳，凭借勤奋的努力和出色的表现，赢得了同事们的认可和支持。

2020年突如其来的新冠肺炎疫情打乱了人们的生活节奏，本打算在正月初四结婚的曹宇阳，响应上级号召，推迟了婚礼，全身心投入疫情防控工作中，走村入户宣传疫情防控知识，劝导村民不聚集。在大家的共同努力下，同乐苗族乡的疫情防控工作做得非常成功。

"在基层两年的工作忙碌而充实，我学到了很多知识，也洒下了不少汗水。各级领导的关怀和同事的支持，使我深感作为一名基层工作者的光荣！"曹宇阳道出了很多参加"三支一扶"工作人员的心里话。

由于工作表现出色，曹宇阳被同乐苗族乡人民政府录用为事业单位在编人员。

如今，在大山深处、在贫困地区、在抗疫一线，活跃着一群群像曹宇阳这样的高校毕业生"三支一扶"计划的志愿者，他们用自己的青春和努力，给当地带来了知识和力量，带来了希望和憧憬，也给自己的人生画上了美好的底色。

充满年轻活力的王偲如今是云南省普洱市宁洱镇宽宏村的致富带头人。她在大学毕业后选择返乡创业，干劲十足的她称自己遇到了返乡创业的"天时地利人和"。"如今，乡村振兴提供了良好的机遇，很多和我一样的年轻人选择回乡创业，为梦想也为家乡。"王偲说，人力资源和社会保障部门真挚、周到的帮扶，让她有了信心和决心，带领村民找到脱贫致富的路子，让创业火苗在创业扶贫路上越燃越烈。

如今，王偲带领几十名村民创办困鹿山荣云茶业有限公司，已建成包括杀青机、提升机、揉捻机等机械设备的加工车间，未来的目标是建成300亩绿色有机生态茶业庄园。

随着我国经济发展进入新常态，新技术打通了城市和乡村之间发展的时间、空间障碍，一批批优秀青年选择返乡回乡，用智慧播撒希望的种子，用奋斗让青春在基层闪光。

资料来源：王宝杰，罗烨，王姝岩，等. 逐梦新风口开拓新天地——青年就业创业观察［N］. 中国劳动保障报，2021-08-16.

教学建议：教师在教学中要结合本章训练内容引导学生思考"如何打破思维定势，突破传统创业方式？"引导学生深刻认识到：机会是奋斗者不断努力创造出来的。

第 3 章

创业者与团队建设

本章课程学习目标

- 理解创业者的一般性和相对特殊性。
- 掌握创业者所具备的个人特征、技能和素质。
- 了解创业者可能面临的风险、压力等负面影响。
- 理解创业意愿的形成过程及影响因素。
- 理解创业团队的重要性。
- 理解创业团队组建与成长的主要问题。

3.1 实践实训：创业人物生涯访谈

3.1.1 实训项目内容

以小组为单位进行创业人物生涯访谈；以课下开展、课上分享讨论为主要形式。

3.1.2 实训的目的与要求

通过创业访谈，学生需要了解不同创业人物的创业动机，感受创业动机在创业过程中的重要作用，理解创业意愿的形成及其影响因素，分析创业者所具备的个人特征。

3.1.3 实训的组织

（1）材料准备：提前发放实训要求给学生，并尽可能地为学生提供创业者相关资料。

（2）场地准备：多媒体教室。

（3）学生准备：班长在上课前通知同学们做好 PPT 及展示准备，安排展示顺序和展示过程并做好记录。

3.1.4 实训步骤及其时间分配

（1）3~5人一组，每组选一个负责人。

（2）各组确定访谈对象2~3人，创业者类型不限。

（3）拟定访谈提纲，内容包括创业者的教育背景、成长环境、创业动机、创业历程、创业心得等。访谈时间在1小时左右，不要超过1.5小时。

访谈应该围绕图3-1的内容展开。

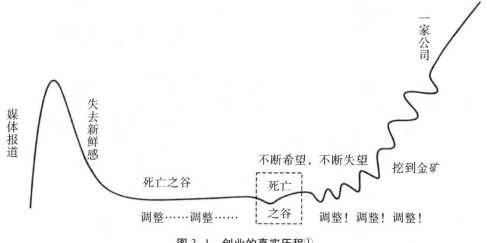

图3-1 创业的真实历程①

在访谈中，需要关注的重点如下：

①媒体报道意味着创业者被关注，也意味着初期创业的成功。我们应当询问创业者，当时有些什么事情或行为让自己和别人感到兴奋。

②后来遇到了什么困难或挑战？创业者是怎么处理的？依据是什么？是怎么想的？

③是否经历了迂回曲折的过程？如果遇到，当时的所想所为又是什么？

④在创业过程中，创业者有什么变化？是更自信了还是更理性了？是仍然保持热情还是更加求稳了？等等。

（4）访谈。做好记录，如果对方允许，可以录音。在访谈时，注意创业者的表情、思考、停顿等细节。

（5）访谈结束后，每组撰写一份访谈报告，分析被访谈对象的创业动机、创业成功的因素以及从他们身上获得的启发。

（6）将报告内容制作成PPT，在课堂上进行交流汇报。每组展示的时间为10分钟。各小组可以将印象最深的事件、发现、关键词等记录下来，也可以再次设计和修改访谈提纲，使访谈提纲更加完善。

（7）课堂学生互评。

3.1.5 教师总结与评价

教师首先应该引入知识点：奏效逻辑。

---

① 张玉利，杨俊，等. 创业管理：行动版［M］. 北京：机械工业出版社，2017：30.

奏效逻辑是美国弗吉尼亚大学萨阿斯·萨阿斯瓦斯教授的重要研究成果，因其比较准确地刻画了创业者的行为逻辑而影响广泛，被包括百森商学院在内的很多教育机构和学者在创业教育实践中采用（见图3-2）。

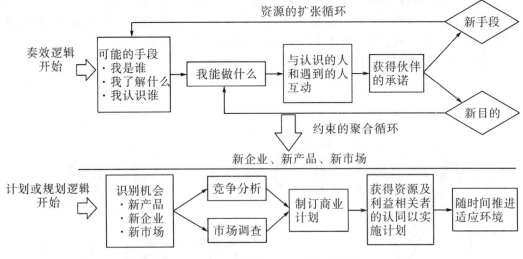

图 3-2 奏效逻辑与计划或规划逻辑①

教师结合学生对创业者的访谈，请学生尝试回答以下问题：

①创业有趣吗？为什么？

②情境影响行为甚至是行为背后的思维。结合访谈，你同意这样的观点吗？如果同意，你还相信创业者是天生的吗？如果别人说创业不能教，你能提供有依据的辩驳吗？

③有人说："80%的创业项目都可能是失败的，但80%创业者的人生都是成功的。"对此，你认同吗？为什么？

如果学生暂时回答不了这些问题，教师应该建议学生再找一位创业者进行访谈。

教师可以根据积极参与访谈活动、按要求实施访谈、访谈报告内容、PPT 制作精美程度等方面进行评分，并对最佳组建团队进行奖励。教师在点评时应该指出各团队组建的优点和不足以及改进的措施。表 3-1 为教师评分标准。

表 3-1 教师评分标准

序号	评分标准	总分值	小组得分
1	积极参与访谈活动	25	
2	按要求实施访谈	25	
3	访谈报告内容	25	
4	PPT 制作精美程度	25	

① 张玉利，杨俊，等. 创业管理：行动版［M］.北京：机械工业出版社，2017：31.

3.2 实践实训：自我认知

3.2.1 实训项目内容

本次实训项目的内容：自我认知练习①。

3.2.2 实训的目的与要求

研究表明，创业者的自我认知及身份认同对新企业的创建过程有着重要影响。本实训旨在通过自我认知练习，更充分地了解"我"是谁，"我"的优势和能力是什么，如何在未来将这些优势和能力转化为创业行动，为日后在创业过程中发挥自身特长及获取资源提供基础。

3.2.3 实训的组织

（1）学生准备：完成"自我认知测试"及文献阅读；将提炼的3个"个人主题"反馈给教师。

（2）教师准备：收集学生"自我认知测试"关键词，将相同关键词归为一类，将不相同的关键词归为一类。

（3）材料准备：自我认知测试表、白板纸、白板笔。

3.2.4 实训步骤及其时间分配

（1）自我认知测试（课下完成）。

请完成以下任务：

①列出至少10项你个人重要的成绩，这些成绩应该满足以下三个标准。

a. 那些你引以为傲的。

b. 那些让你享受在其中的。

c. 那些你认为你做得特别出色的。

例如，你可能曾经加入过创业团队并成功开发出一款新产品，或者你曾经为了参加一场100 KM慈善骑行活动苦练了6个月，等等。

②请注意获奖和成绩是不一样的，当你反思自己成绩的时候，关注那些你完成的任务，而不是那些任务带来的奖项。

③当你在回想自己这些成绩的时候，确保要包括一些工作之外的成绩。例如，你的兴趣爱好，甚至是你童年时期的一些成绩，而不仅仅只写那些来自工作上的成绩。只要这些兴趣爱好满足以上三个标准就可以将其列出。

④当你列出自己的这些成绩之后，请将它们按照对你的重要性排序，将对你最重要的成绩排在第一位，以此往下排到第十位（见表3-2）。

① 张玉利，杨俊，等. 创业管理：行动版［M］. 北京：机械工业出版社，2017：46.

表 3-2　个人成绩清单

个人成绩	重要性排序
1.	
2.	
3.	
4.	
5.	
6.	
7.	
8.	
9.	
10.	

（2）提炼成绩背后的关键技能和能力。

通过提炼成绩背后的关键技能和能力，学生可以在今后更好地发现适合自己的机会，并找到适合的战略（科学研究曾发现个体与机会之间的匹配能促进创业成功）。

填表指南如下：

①在表 3-3 中的第一列，简要列出在表 3-2 中总结的自己曾取得过的那些重要成绩，然后再列出每一项成绩的重要性排位。

②写好这些成绩之后，请逐一确认：在这些成绩的背后，反映出自己哪些特别的知识、技能或能力。请在第二列中列出这个问题的答案。

例如，你可能会写"我曾经加入过创业团队并和团队成员一起成功地开发出某款新产品"。进一步反思自己的这项成绩，你可能是因为拥有某种特殊的知识，如软件产品开发以及了解某种细分市场的知识等，这是让你获得此项成绩的关键。例如，编程技能、组织能力，在多元化团队中进行协作的能力以及能够把复杂事情简单化沟通出来的能力等，都可能使一个人成功。注意：请不要列出自己的一些个性或性格特征（例如，我是一个充满激情、有爱心、敏感、外向或者友善的人等）。

③写完自己的知识、能力和技能以及成绩清单后，请从整体再看一下这个清单，从中挑出一两项你认为对你十分重要的，或者对你的成功起到最大作用的原因。

当你完成这一步后，你将拥有一份自己最重要的成绩以及这些成绩背后所蕴含的知识、技能和能力的清单（这意味着所有这些你列出的知识、技能和能力，特别是那些你圈出来的最重要的几项，是你在过去取得成功所依赖的能力或知识，而你很可能在将来还要倚靠它们取得新的成绩）。

表 3-3　你的个人成绩和技能、能力匹配表

成绩	那些使你取得此项成绩的知识/技能/能力
成绩	那些使你取得此项成绩的知识/技能/能力
成绩	那些使你取得此项成绩的知识/技能/能力
成绩	那些使你取得此项成绩的知识/技能/能力
成绩	那些使你取得此项成绩的知识/技能/能力
成绩	那些使你取得此项成绩的知识/技能/能力
成绩	那些使你取得此项成绩的知识/技能/能力
成绩	那些使你取得此项成绩的知识/技能/能力
成绩	那些使你取得此项成绩的知识/技能/能力

（3）主题提炼。

到目前为止，你或许已经发现，一些成绩的取得需要某些相似的或者互通的技能、能力和禀赋，现在花点儿时间整体看一下你所列出的成绩和能力清单。这些代表了你已经拥有的先验知识，你很可能会发现一些重合、关联或者有趣的组合。你可以花点儿时间来记录一下这中间的关联或者组合，可以用箭头或注释的方式将你的成绩进行归类。

在完成此项工作的过程中有以下几点注意事项：

①如果你认为你拥有某种独特的经历，你可以将你的成绩清单当作分类的依据。例如，你会发现一些成绩的取得都和沟通、社会交往、心理储备和坚持、艺术创造力等有关，这里的每一项能力都可以单独成为一项。如果你对某些活动或者某一类活动有特别的理解，你可以将你的技能和能力清单当作分类的依据。例如，如果你发现你有通过授权和构建联结来激励和鼓励他人的能力，那么你可以把它们归类为"教导力"（mentoring）。

②如果你发现某一些知识多次帮助你获得各种成绩，你可以将你的技能和能力清单当作分类的依据。例如，纵观你的成绩和能力清单，你也许会发现量化、统计和数学知识给你带来了好几项成绩，那么你可以把它们归类为"量化敏感性"。

请利用以上某一种或全部的指导方法，提炼 3 个主题。请记住这些主题应该能够基于你的成绩来代表你是谁。更具体地说，这些主题代表的是那些给你带来成绩背后的知识、技能和能力。提炼出的主题，应该都是那些在不同的成绩、不同的情境（工作、学校、兴趣爱好、家庭等情境）下十分显著的。

提炼的主题：

①＿＿＿＿＿＿＿＿＿＿＿＿＿＿＿＿＿＿＿＿＿＿＿＿＿＿＿＿＿＿＿＿

②＿＿＿＿＿＿＿＿＿＿＿＿＿＿＿＿＿＿＿＿＿＿＿＿＿＿＿＿＿＿＿＿

③＿＿＿＿＿＿＿＿＿＿＿＿＿＿＿＿＿＿＿＿＿＿＿＿＿＿＿＿＿＿＿＿

（4）创业机会识别（课堂小组讨论与分享）。

分小组讨论你们的团队能构思出什么创业机会。在描述创业想法时，请介绍想法的原型、目标市场或顾客、可能的商业模式以及这个想法适合你们的团队的原因。介绍完毕后，教师以及其他小组成员提问并打分。

课堂小组讨论与分享的总时长为 60~80 分钟，具体的时间分配如下：

①小组讨论（20 分钟）。

②小组汇报（每组 3~5 分钟）。

③教师和小组互评（关注该创业机会是否结合了团队成员的关键技能和能力，每组 3~5 分钟）。

3.2.5 教师总结与评价

教师可从学生汇报的 PPT、主题凝练等方面进行评分，并对最佳团队进行奖励。教师在点评时应该指出各个团队组建的优点和不足以及改进的措施。

3.3 启发式训练：组建创业团队

3.3.1 实训项目内容

教师需要指导学生组建符合创业活动要求的高效团队。团队合作训练活动从本质上讲是一种"体验式学习"，它是开发学生心智、培养学生团队精神的一种活动方式。实训活动可以使参与者磨练意志、陶冶情操、完善人格、融入团队。实训活动能有效地提高人在体能、毅力、智慧、沟通和协作等方面的素质和能力，并且可以把其升华到可能达到的顶峰，能够培养参与者具有克服困难的毅力、健康的心理素质、积极进取的人生态度、敢于挑战自我极限的勇气和精诚合作的团队意识。

3.3.2 实训目的与要求

学生需要在了解创业团队的重要意义、构成要素、特征及组建团队应注意的问题等知识的基础上，通过课堂训练，筛选创业项目，选出并加入适合自己的创业项目，组建自己的创业团队。

3.3.3 实训的组织

（1）材料准备：笔记本、文件夹等（作为给成功组建创业团队的奖品）。
（2）场地准备：多媒体教室。
（3）学生准备：班长在上课前通知同学们做好展示准备，安排展示顺序和展示过程并做好记录。

3.3.4 实训步骤及其时间分配

（1）学生介绍自己的创业项目（每人 10 分钟）。

有初步创业项目的同学，逐个上台陈述自己的创业设想，为自己将要进行的事业进行宣传、招兵买马。陈述项目的内容主要包括：创业项目具体要进入的是什么行业，卖什么产品（或服务），有什么特色，产品与竞争者有什么差异，谁是主要的客户，所属产业的生命周期是处于萌芽、成长、成熟还是衰退阶段；企业要用独资还是合伙企业的形态，打算何时开业，营业时间有多长等；所要创办的企业需要引进哪些专业技术人才、所需人事成本等。

（2）组建创业项目小组（10 分钟）。

要求：在黑板上写明项目名称、负责人。每位同学必须加入一个创业团队。

学生根据自身的能力和特长，选择自己愿意加入的创业项目。

（3）创业小组活动（30分钟）。

每个小组成员在这个小组中做自我介绍（讲明自己为什么要加入这个创业团队，自己的优势、实力所在，在团队中适合做哪部分工作）；接受团队中其他成员的提问，确定创业项目组成员；为自己的团队起一个有特色的名字，选出负责人（组长），进行职责分工，制订创业计划。

（4）团队展示（30分钟）。

各团队推荐一名负责人向大家介绍本团队的人员构成及职责分工，相互评议并推选出一个最佳组建团队。

（5）学生发言并谈谈参与训练的体会（10分钟）。

3.3.5 教师总结与评价

教师对整个团队组建进行点评，并对最佳组建团队进行奖励。教师在点评时应该指出各个团队组建的优点、不足以及改进措施。

[知识拓展]　　　　　　　　　　团队协作名言

（1）为了进行斗争，我们必须把我们的一切力量拧成一股绳，并使这些力量集中在同一个攻击点上。

（2）一个篱笆打三个桩，一个好汉要有三个帮。

（3）一滴水只有放进大海里才永远不会干涸，一个人只有当他把自己和集体事业融合在一起的时候才能最有力量。

（4）三个臭皮匠，胜过一个诸葛亮。

（5）万夫一力，天下无敌。

（6）上下同欲者胜。

（7）天时不如地利，地利不如人和。

（8）单丝不成线，独木不成林。

（9）二人同心，其利断金。

（10）万人操弓，共射一招，招无不中。

（11）能用众力，则无敌于天下矣；能用众智，则无畏于圣人矣。

（12）由于团队成员之间的高度互赖及利益共享，每位成员都面临着是否合作的困境：如果自己不合作，而其他成员皆努力付出，那就能坐享团队的成果；但如果所有团队成员都作此想，那该团队将一事无成，结果是：每个人都受到惩罚。从另一方面说，如果自己全心投入，而其他成员皆心不在焉懒散懈怠，那么到时由于自己的努力为团队取得的成果就会被其他成员所瓜分。

（13）人们在一起可以做出单独一个人所不能做出的事业；智慧、双手、力量结合在一起，几乎是万能的。

（14）聪明人与朋友同行，步调总是齐的。

（15）凡是经过考验的朋友，就应该把他们紧紧地团结在你的周围。

（16）共同的事业，共同的斗争，可以使人们产生忍受一切的力量。

资料来源：团队合作名人名言［DB/OL］.（2021-03-01）［2021-05-01］. http://www.795.com.cn/wz/103598.html.

3.4 游戏实训：一个好汉三个帮①

3.4.1 实训项目内容

从《三国演义》《水浒传》《红楼梦》中各选出 3 名人物，在 9 人中选出 3 人来做唐僧的徒弟，组成一支全新的保护唐僧西天取经的团队，要求每部著作只能有 1 名角色有机会成为唐僧的徒弟。

3.4.2 实训的目的与要求

学生需要体验创建创业团队的过程和需要考虑的因素。学生应该了解，寻找志同道合的创业伙伴、建立优秀的创业团队对初创企业至关重要。

3.4.3 实训的组织

（1）场地准备：多媒体教室。

（2）学生准备：班长在上课前通知同学们做好展示准备，安排展示顺序和展示过程并做好记录。

（3）道具准备。

①主题展板。

主题展板所写的文字是：欢迎来到"一个好汉三个帮"关卡。创业团队的组建是创业过程中非常重要的环节。作为团队创始人，你既需要清晰地了解自己的特质，又需要设计正确的团队构架，挑选合适的团队人选。在本关卡中你需要为唐僧重新构建一支团队。你可以根据关卡中给出的人物特质在每部名著给出的人物中分别挑选 1 人，与唐僧组成新西游团队并完成团队合影。

展板配图设计如图 3-3 所示。

图 3-3 "一个好汉三个帮"配图

① 本游戏实训的部分内容及图片摘自李根文，张兆华，解国琴，等. 我是创业家：创新创业实战体验手册[M]. 北京：清华大学出版社，2020：27.

②唐僧人物展板设计。

a. 文字：正面为唐僧优点、缺点介绍，背面为人物姓名与头像。

b. 优点：目标明确、立场坚定、博爱仁慈、严守纪律、勇往直前。

c. 缺点：过于心软、固执死板、手无缚鸡之力、有时是非不分。

展板配图设计如图3-4所示。

图3-4　唐僧人物展板

［注意事项］人像展板高1.75米左右，展板面部镂空，以便供游戏参与者留影使用。展板设计要能够激发学生的兴趣，并与整个活动展板风格匹配。

③候选人展板设计。

文字：正面为人物优点、缺点介绍，背面为人物姓名与头像。9位候选人名称以及优缺点如表3-4所示。

表3-4　9位候选人名称以及优缺点

序号	姓名	优点	缺点
1	诸葛亮	博学多才、具有战略眼光；具备军事才能，用兵以慎为主、以奇为辅、忠于职守	事必躬亲、不放权、对人才有限制，过于谨慎保守；关键时刻用人失误
2	张飞	勇猛、忠义、粗中有细、有勇有谋、武艺高强、具备一定的军事能力	脾气暴躁、不善待士兵
3	曹操	胸襟宽大、具备战略眼光和谋略、具备高超的军事才能、知人善用	生性多疑、为人自大、残忍好杀、缺乏忠诚

表3-4(续)

序号	姓名	优点	缺点
4	时迁	身手敏捷、灵活多变、机智细心、胆略过人	不安分、纪律性差、格局较小
5	李逵	直爽率真、侠肝义胆、敢做敢当、重感情、孝顺	头脑简单、做事鲁莽、莽撞急躁、有勇无谋
6	宋江	好结交朋友、知人善任、仗义疏财、有较强的规划性、孝顺、城府深、喜怒不形于色、沉着冷静	性格复杂、喜欢玩弄权术、不善武艺
7	王熙凤	善于业务管理、办事利索、精明能干、口才好、有主见、有胆识、敬业、生活态度积极	争强好胜、贪婪、自私、喜怒无常
8	贾宝玉	性格温和、善于调查学习、具有同理心、率真、具有创新精神、尊重女性、平等待人	优柔寡断、不接受他人意见、缺乏责任心、懦弱
9	贾迎春	精明能干、果断、有胆识、执行能力强	自卑、不接纳他人

[注意事项] 9位候选人需要用两套展板，建议设置为双面可转动，展板正面为人物优点、缺点介绍，展板背面为人物姓名与头像，建议展板高1.75米左右，一套展板供大家选择观看使用，另一套展板用于与游戏参与者合影。展板设计要能够激发学生的兴趣，并与整个活动展板风格匹配。

3.4.4 实训步骤

（1）根据展板提示，了解唐僧及另外3部名著中给定人物的特点。

（2）在其他3部名著中分别选1人，与唐僧一起组成新西游团队；每部名著候选人只能选择1人。

（3）完成选择后，与选择的人物头像在主题展板背景下合影，并一一说明选择的理由，重点进行团队匹配优劣势的说明。

（4）有兴趣的学生可以一起合唱电视剧《西游记》的主题曲。

[注意事项] 教师应该掌握全部关卡体验的流程，控制每个步骤的节奏，注意步骤之间的衔接；在游戏进行的每个环节，多向游戏参与者提问，引导他们进行深入思考。

3.4.5 教师总结与评价

教师讲解体验的目的，鼓励和激励学生积极参与课堂；对创业团队打造的关键行为、角色分工、创业伙伴选择的原则等进行总结和评价。

3.5 情景实训：企业薪酬设计

3.5.1 实训项目内容

本实训项目的内容是：设计科学合理的薪酬体系和薪酬制度。

[活动背景①] A公司成立于2014年，主营业务是销售建筑装饰材料。A公司成立几年来，老板一直觉得员工总体素质不高，骨干员工留不下，好的员工招不进来，员工流动率长期居高不下，在职员工的工作积极性也普遍下降。2015年，销售部的几名骨干员工集体辞职，这给公司的经营造成了很大的冲击，公司不得不招募新兵。A公司领导意识到公司存在严重的危机，决定请管理顾问公司分析A公司存在的问题。管理顾问公司经过调查发现以下问题：

（1）员工工资水平普遍低于同行业水平。

（2）员工工资的确定由公司领导说了算，没有确定的体系，随意性很强。

（3）员工工资几年没变化，虽然公司发展了，但员工工资却没有多大变化，销售人员尤其如此。

3.5.2 实训的目的与要求

学生需要掌握企业薪酬设计的方法和技巧。

3.5.3 实训的组织

（1）材料准备：提前将背景材料发给学生。

（2）场地准备：多媒体教室。

（3）学生准备：班长在上课前通知同学们做好PPT及展示准备，安排展示顺序和展示过程并做好记录。

3.5.4 实训步骤

（1）要求学生提前掌握与企业薪酬体系相关的知识点。

①员工的工资分为两个部分：基本固定工资和绩效工资。

②基本固定工资考核员工出勤情况、纪律情况等基本工作要素。

③绩效工资分为个人绩效和公司绩效。个人绩效只与员工本人的工作绩效相关，考核其工作量、工作成绩、基本表现、基本技能。公司绩效考核的是整个公司的经营业绩。

（2）学生根据背景资料在课下准备展示资料。

（3）课堂展示。

（4）小组互评。

（5）教师点评。

---

① 杨文超. 驾驭未来：创新创业基础与实践教程［M］. 镇江：江苏大学出版社，2019：145.

3.5.5　教师总结与评价

教师设计评分标准，对整个团队组建进行点评，并对最佳组建团队进行奖励。教师在点评时应该指出各个团队组建的优点、不足以及改进措施。

3.6　案例实训：雷军和他的创业团队

3.6.1　实训项目内容

案例分析：雷军和他的创业团队①

小米公司成立于 2010 年 4 月，最早是一家专注于高端智能手机自主研发的移动互联网公司，创业之初就获得了 Morningside、启明、IDG 和小米团队的 4 100 万美元投资，其中小米团队的 56 人总计投资 1 100 万美元，公司估值达 2.5 亿美元。

2011 年 8 月 16 日，小米公司仅仅成立一年零四个月。在开始手机硬件设计制作仅仅一年的时候，小米公司就发布了第一款小米手机。该款手机于 2011 年年底进入市场，第一年销售额就达到 126 亿元。

2018 年 7 月 9 日，小米公司在香港交易所上市，企业估值达 543 亿美元。同股不同权下首只尝鲜公司、超高估值、新经济典范……小米公司身上的标签吸引着无数人的目光。

能够成就如此"小米速度"的，是小米公司那 7 人组成的堪称超豪华阵容的联合创始人团队。雷军是金山软件董事长和著名天使投资人，林斌是谷歌中国工程研究院的副院长，洪锋是谷歌高级工程师，黄江吉是微软工程院首席工程师，黎万强是金山软件人机交互设计总监、金山词霸总经理，周光平是摩托罗拉北京研发中心总工程师，刘德是一位毕业于世界顶级设计院校 Art Center 的工业设计师。雷军是如何组织起这样的联合创始人团队，怎么找到这些合作伙伴，又是如何说服这些合作伙伴来和他一起创业的呢？

（1）雷军。2006 年，雷军开始对移动互联网公司投资。他投资的第一家企业是乐讯公司，2007 年雷军又投了 UC 浏览器和其他一系列的公司。2007 年 1 月，苹果公司发布了 iPhone 一代手机，2007 年 6 月产品正式上市，雷军马上就买回来使用了。按照雷军的话说："我很受刺激，手机居然还可以这样做？"雷军担心自己的体验不具代表性，他干脆买了 20 部 iPhone 回来，分别送给了 20 个朋友。3 个月后，只剩下他和另外一个朋友仍在使用。这时候雷军觉得，iPhone 做得太超前了，有很多细节没做好，不好用，但是 iPhone 打开了雷军的思路，雷军发现，未来的移动互联网将会是软硬件一体化的体验，软件将帮助硬件发挥更大的作用。而单独做软件，其实将会受到较大的局限。从那个时候开始雷军就在想：谁能做出一台更好用的手机呢？

2007—2008 年，中国的移动互联网还不像今天这样红火。但是雷军已经看到了移动互联网就是技术的未来，尽管当时很多人认为，雷军不过是为了他投资的 UC 浏览器等项目做宣传罢了，但实际上当时雷军就已经认定：手机在未来很长一段时间，将会替代个

人计算机（PC）成为大家最常用的工具。2000 年年底，雷军说他觉得自己已经快 40 岁了，想干点事情，因此开始认真考虑如何把手机做出来的问题。雷军说他在这件事情上是先下定决心去做，然后才去考虑如何做。让雷军下定决心的是他感觉到了这个行业里未来的一些变化趋势，他看好的就是手机会替代 PC 和手机工业的进一步互联网化。雷军觉得，他的手机梦的时机终于成熟了。他要开始为了这个梦想构建队伍。

（2）林斌。林斌是谷歌中国工程研究院副院长、工程总监、谷歌全球技术总监，全权负责谷歌在中国的移动搜索、工程研发与服务团队的组建工作。

雷军认识林斌，是在 2008 年。当时林斌想推动谷歌和 UC 浏览器之间的合作，雷军惊讶地发现，林斌有发自内心的对产品的热爱，林斌对在谷歌所做的工作和产品都非常投入、非常"下功夫"。那个时候，雷军开始经常去找林斌聊天，两个大男人经常在一起挑灯夜战，聊到凌晨一两点钟。聊着聊着，两个人就从合作伙伴聊成了好朋友。

有一次，雷军和林斌聊天时，林斌透露说："我想出来自己创业了，做一个互联网音乐的项目，你看怎么样？"雷军听后大喜，对林斌说："别做音乐了，音乐我们投点钱，别人干就可以了，没意思。咱们一起做点更大的事情吧！"就这样，人们都亲切地叫他 Bin 的林斌，第一个登上了雷军的小米战船。

（3）阿黎。阿黎就是黎万强。2000 年，阿黎大学毕业后就加盟了金山软件，历任金山软件的人机交互设计总监、设计中心总监和金山词霸事业部总经理。在金山软件的 10 年职业生涯中，他从一位设计师成长为一个拥有百余人规模的事业部的领导。

和雷军 10 余年的共事关系让阿黎与雷军的私交非常好。2009 年年底，阿黎决定辞职离开金山软件，他找到已经是亦师亦友的老领导雷军，说他要自己创业了，去做商业摄影，并且问道："你觉得我这个创业方向怎么样？"

雷军说："我这里也有个方向，要不你来跟我一起干？"

阿黎说道："没问题。"

雷军反问阿黎一句："你知道我要干嘛吗，你就这么答应了？"

阿黎说："你要做手机。"

雷军笑了。

（4）KK。黄江吉，人们都叫他 KK。KK 还不到 30 岁就成为微软工程院的首席工程师。但已经在微软工作 13 年的 KK，面临着一个选择——创业还是继续留在微软干？如果留在微软，是在中国还是去美国？

已经决定和雷军合作的林斌曾经是 KK 在微软的同事，林斌了解到 KK 所面临的情况，就把 KK 介绍给了雷军。当时，雷军丝毫没提创业的事儿，就是和 KK 一起聊各种电子产品，从手机到电脑。3 个人一聊就是几个小时，雷军毫无保留地展示了自己作为一个超级产品发烧友的素质。KK 当时就震惊了："当时我以为我是 Kindle 的粉丝，但是没想到雷军比我更了解 Kindle。当时为了用 Kindle，我还自己写了一些小工具去改进它，结果没想到雷军也是这样的疯狂，他甚至把一个 Kindle 拆开，看里面的构造怎么样。"

那天，他们一共聊了四个半小时，KK 已经能够判断出，对面坐的两个人是要做点什么事情的，虽然 KK 还不知道他们具体要做什么，但是在临走之时，KK 说道："我先走了，反正你们要做的事情，算上我一份！"

（5）洪锋。说到洪锋，用雷军的原话就是："你接触他你会压力很大，他没有表情，他随便你说，你却不知道他是怎么想的。但他是一个绝顶聪明的人。"

洪锋在上小学的时候就开始学习计算机并编写程序来解决实际问题了。洪锋最令人惊奇的经历就是他在谷歌公司用20%的业余时间，和几个人一起做了谷歌3D街景的原型。洪锋在美国谷歌公司的时候，是高级工程师。后来他回到中国，在中国谷歌，他又担任了产品经理。他主持开发的谷歌音乐，成为中国谷歌为数不多的广受赞誉的产品。

这样的一个人，很强势。雷军想要见见洪锋，算是面试吧。但是没想到，局面实际上变成了洪锋来面试雷军。

洪锋准备了上百个问题来问雷军，越问越细致，越问越难。雷军发现洪锋提的问题比他们自己提到的问题都要细致，雷军也就越来越想要拉洪锋入伙。雷军终于明白，其实对于洪锋，不是雷军在想办法找他一起创业，而是洪锋在面试雷军作为一个老板靠不靠谱。

雷军告诉洪锋：雷军是谁，他打算怎么做手机，还有小米公司能给洪锋什么。

洪锋说："这件事情够好玩，梦想足够大。或者你可以说这件事情足够不靠谱，因为它太疯狂了，你觉得这件事情从逻辑上是靠谱的，但是从规模上和疯狂程度上来说，是绝对不靠谱的。这很有挑战性，我决定来挑战一下。"

（6）刘德。本来，刘德并不在雷军的人才规划体系里面。雷军不认识像刘德这样的人，而且，雷军甚至认为他根本请不起像刘德这样的人才。

然而凑巧的是，洪锋的太太认识刘德的太太，洪锋认识雷军之后，就想到了刘德，这个毕业于Art Center的牛人。当时，刘德在美国过着悠哉游哉的中产阶级生活，安逸得不得了。一天，洪锋故作神秘地跟刘德说："来，和几个朋友聊聊天。"2010年5月，因为回中国办事而到北京的刘德，见到了雷军、黎万强，大家从下午4点一直聊到12点。

聊完之后，刘德说："这事儿挺好，我又能帮上你什么呢？"雷军说："我们想拉你入伙。"但是，对于刘德来说，如果他来和雷军共同创业做小米，就意味着刘德要放弃他在美国创办的公司，在美国的舒适生活，以及他现在的一切正常的生活轨迹都要被打乱，而小米这个事情，也只是有可能成功而已。

不过当刘德回到美国，他开始去仔细思考这个机会。"这么多年来我都是自己干的，非常累，就是因为没有一个好团队。"刘德说，"我非常愿意加入这个团队，因为找到一个好团队太难了！"

为了加入小米公司，刘德下了决心，他放弃了在美国的工作和生活。后来，刘德除了完成了小米手机的设计工作之外，居然还肩负起了小米手机供应链管理的工作，那简直是雷军的意外之喜："我很庆幸洪锋能介绍刘德给我认识，刘德现在幸福不幸福我不知道，反正有了刘德，我是非常幸福的。他做得非常出色！"

（7）周光平。到目前为止，雷军找到了能够做手机系统的人、做手机软件的人、做手机设计的人，就是还没有找到能够把手机做出来的人。作为软件行业和互联网行业的大佬，雷军和林斌，在硬件制造领域都没有什么特别好的人脉。2010年7月1日，在小米公司准备启动硬件项目的时候，这个项目还没有一个专业的人才加入。

雷军说："很多人跟我讲创业公司招人困难，所以业务搞不起来。我认为这就是借口。其实那是你作为老板还不够努力。"2010年夏天，在3个月的时间里，雷军约见了超过100位做硬件的技术人才。雷军、林斌、KK等人动用了他们所有的关系来找做硬件的人才。最夸张的一次，他和一个理想人选在7天内面谈了5次，每次10小时，但是很遗憾，最后双方由于各种原因没有达成共识。没有办法，雷军和林斌就继续找人。

在这期间，有朋友向雷军介绍了周光平博士。但是雷军判断，这位 55 岁的博士，从 1995 年开始就在摩托罗拉工作的资深工程师，肯定是不会出来创业的。雷军当时倾向于去找一些较年轻的合作伙伴。但是，在 2010 年 9 月一个周五的晚上，雷军又一次面试毫无结果，还是找不到合适的能够负责小米手机硬件的人才，雷军几乎绝望了。林斌说："要不，试试看周博士吧。"周六，雷军约到了周博士。

周一，周博士到雷军的办公室一起聊天，按照计划，他们预备聊 2 个小时。谁料两个人见面以后居然都感觉相见恨晚，思想的碰撞一发不可收拾。雷军和周光平，就在银谷中心小米公司的办公室里，从中午 12 点一直聊到晚上 12 点，从互联网聊到硬件设计，从用户体验聊到手机发展趋势，两个人连出去吃饭的时间都舍不得浪费，从中午到深夜，叫了两次盒饭来解饱温饱问题。

过了几天，雷军正在外地出差，林斌打电话来："周博士同意加盟小米了！"

至此，雷军的小米创始人"拼图"，终于完成了。

小米公司创始人雷军认为：单打独斗已经成为创业者的历史，未来创业的趋势将是合伙制。这种合伙制的目的是什么？就是要打造一支卓越的创业团队，就是要吸纳和凝聚更多的优秀人才抱团打天下。小米公司创业团队的 8 个人中，每个人都能够独当一面。创业团队平均年龄为 43 岁，每个人都实现了财富自由，不再简单追求挣钱，而是追求将事业做大，从而获得事业成就感。这些人因为解决了基本生存问题，所以不再为"五斗米折腰"，他们想实现共同创业，想做出一个伟大的企业。因此，这些人创业的时候完全可以不拿工资，而且他们愿意共担风险。

总之，小米找合伙人的目标是要找到最聪明、最能干、最合适干、最有意愿干并愿意抱团合伙干的创业人才。总结下来，优秀合伙人的标准有三个：要有创业者心态，愿意付出；愿意进入初创企业，早期参与创业，有奋斗精神；愿意掏钱买股份，认同公司目标、看好公司前景并愿意承担相应风险。

[讨论与思考]

（1）结合案例中的小米创业团队，你认为一个成功的创业团队应该包含哪些特征？

（2）小米创业团队在组建过程中，哪些因素发挥了比较重要的作用？

（3）从小米创业团队中，你得到了什么启发？

3.6.2　实训的目的与要求

学生需要增强创业团队的凝聚力，了解一个成功的创业团队应具备的特征，了解创业团队角色的分工。

3.6.3　实训的组织

（1）材料准备：将案例材料发给学生，引导学生讨论思考。

（2）场地准备：多媒体教室。

（3）学生准备：班长在在上课前通知同学们做好 PPT 及展示准备，安排展示顺序和展示过程并做好记录。

3.6.4　实训步骤及其时间分配

（1）阅读案例材料。该步骤在课下完成。

（2）分组讨论。创业者和团队成员在形成的团队的过程中，有哪些共性？团队成员各具备哪些特点，在团队中扮演了什么角色？创业团队可能存在哪些风险？给你带来了哪些启示？各小组概括问题，提出建议，并制作 PPT。该步骤在课下完成。

（3）分组展示。各小组展示案例讨论结果，每组时间控制在 6 分钟以内（重点阐述：创业团队的组建分工、影响因素、可能存在的风险及启示）。

（4）小组互评。各小组对其他小组展示成果进行评价打分，并说明打分理由。

3.6.5　教师总结与评价

教师对课堂展示进行点评。教师应该以最佳作品展示为样本，强调创业团队的组建、影响因素、组建原则等；进一步强调对所包含基本问题的理解和应用；对各小组作品提出相应的改进建议。

· 44 ·

[资料小链接]　　　　　　　创业更需要工匠精神

"劳模精神、劳动精神、工匠精神是以爱国主义为核心的民族精神和以改革创新为核心的时代精神的生动体现，是鼓舞全党全国各族人民风雨无阻、勇敢前进的强大精神动力。"

——习近平在全国劳动模范和先进工作者表彰大会上的讲话

一个人的出发或许是容易的，因为你只要迈开步伐往前走就可以，就像创业最开始源源不断给你动力的初心，而当初心已经植入骨髓不再需要被特地提起，随之而来的便是所有创业者都要面临的问题：如何用匠心守住初心，坚持不懈地在创业这条路上走下去？

古方红糖制作技艺非物质文化遗产继承人、古方红糖创始人王连升，为了找到真正的红糖，辞掉工作远赴贵州，用 10 年的时间一步一个脚印研究出真正的中国红糖，最后让无人问津的古方红糖正式进入大众的视野。很多人问他，是哪来的勇气去做了个当年看起来那么不靠谱的一件事，他回答说："真正的勇气是你心里充满了恐惧，但为了你的目标坚持不放弃，一直往前走。"10 年的时间里，他用匠心留住了初心，而始终继续的是创业的征程。

喜家德创始人高建峰，强调"一生做好一件事"这个理念。喜家德结合传统工艺创新型"一字型水饺"，让操作流程工艺化、标准化，让水饺保持最好的口感，严格把控食材严选，努力让每个顾客都能吃上放心美味的水饺。其产品如此受欢迎的原因是：喜家德坚持走匠心之路。

犟骨头创始人王艺伟在人生百战百殆之后决定重操餐饮旧业，这是他最开始的初心，而他用"选、磨、配、吃"的极致匠心完美地守住了初心。王艺伟强调，餐饮行业的核心就是产品，对产品保持一种敬畏之心，用匠心坚守初心，是餐饮人成功的不二法则。

资料来源：环球网. 从"创业初心"到"工匠精神"《创业中国人》用坚持诠释成功的定义 [R/OL]. (2019-02-15) [2021-03-18]. https://baijiahao.baidu.com/s?id=1625532049528164991&wfr=spider&for=pc.

教学建议：教师在教学中要结合本章训练内容引导学生思考成功创业者的特质、团队成员之间如何进行任务分工、相互协作，遇到问题如何协商解决、攻坚克难，如何分享红利、分配收益。教师需要培养学生的团队协作精神，引导学生学会换位思考、理性表达、沟通协商、协作共赢。

第 4 章

创业资源整合

本章课程学习目标

- 理解创业资源及创业资源整合的概念。
- 掌握创业资源识别及其获取途径。
- 掌握创业资源整合的方法、技巧和过程 。
- 理解创业资源整合实现"1+1>2"的意义。
- 掌握对有限创业资源的创造性利用方法。

4.1 启发式实训：为 A 航空公司制定提升销售额方案

4.1.1 实训项目内容

背景材料：A 航空公司想通过尽量少投入的方式来推出免费接送客户服务，力求吸引更多客户进而提升销售额。市场上有一款 7 座的商务车，其市场价为 15 万元，成本价为 9 万元。商务车厂家每年的广告投入巨大，但是因为无法实现精准营销，所以成效不佳。该厂家非常想做一个针对潜在客户的精准营销，但是苦于无处下手。当地出租车公司要收取驾驶员 7.8 万元的押金。当地出租车驾驶员平均年收入在 10 万元左右。乘客打车到机场一般需要 50~150 元，乘客乘坐机场大巴起步价为 30 元。

活动内容：让学生模拟成为 A 航空公司的管理咨询顾问。已知 A 航空公司的预期销售额目标以及现有的可以利用的资源条件，教师应该启发学生通过资源整合的方式并充分利用已知条件来为 A 航空公司实现销售额目标提出切实可行方案。

4.1.2 实训的目的与要求

在教师的启发式引导下，学生应该能够识别、获取所需要的创业资源，深刻理解创业资源整合的概念和过程，学会利用资源杠杆效应的思维模式，激发学生的学习热情和积极性。

学生在实训过程中不能相互讨论，必须自己独立思考，能够接受老师传递的共同信息和启发，在规定的时间内完成方案的制定，并能够清晰、有条理地描述出来。

4.1.3 实训的组织

（1）材料准备：背景材料准备。

（2）场地准备：多媒体教室。

（3）学生准备：在课前，班长根据班级人数分好实训小组，分为 3~5 组，各组选派一名学生作为小组负责人，将分组名单在上课前一天发给教师。

4.1.4 实训步骤及其时间分配

（1）教师给全体同学介绍什么是启发式实训以及本次实训的目的，时间为 5 分钟。

（2）班长负责发放启发式清单，同时老师再次明确制定方案的要求和方案要实现的目标，时间为 5 分钟。

（3）资料清单发完后，教师引导学生进入答疑环节，解答学生对启发式清单上的问题不清楚的地方的提问，时间为 15 分钟。

（4）学生开始制订方案，时间为 30 分钟。

（5）每组组长汇报小组方案，每组汇报的时间控制在 10 分钟以内，总时间为 50 分钟。

（6）全班同学对每组方案提出看法和意见，最后教师进行总评，时间为 30 分钟。

4.1.5 教师总结与评价

启发式实训根据已知资源条件引导学生发挥独立思考能力和创新能力，加强学生对创业资源整合概念及其过程的深刻理解和灵活运用。教师应该对本次活动的总体效果进行评价，总结活动中的亮点、创新点以及不足之处，并对启发式实训活动的意义和资源整合在创业中的作用做具体阐述。

4.2 游戏实训：建造科技楼

4.2.1 实训项目内容

本实训项目以小组为单位组建 4 个从事建筑行业的创业公司，分别接到建造科技楼的项目，这也是公司的第一个建造项目。建造科技楼所需的建材在市场上比较紧缺，这 4 家公司只能通过拍卖的形式来获取建筑材料。这 4 家公司需要展开竞争，最终由质检人员对项目工期和质量进行打分评价。

4.2.2 实训的目的与要求

本游戏实训将竞争环境设定在一个资源匮乏且获取困难、目标达成有时限要求的情景下，旨在使学生在游戏实训中对有限资源的获取及创造性地利用，并且认识到创业需要通过对内外部资源整合和团队协作，才能在市场竞争中取得成功。

本实训的要求如下。

（1）资金：每个公司虚拟资金为 1 000 万元。

（2）建材：市场上建材紧缺，采用拍卖的形式出售。

（3）工期：24 个月（项目实训的时间为 30 分钟）。

（4）要求：科技楼 5 层，要求造型新颖现代。

（5）建材拍卖：每种建材低价为 100 万元，每次加价最少 10 万元。

（6）评判：评判的标准包括 2 个维度：一是项目完成时间，占比 40%；完成时间越短，得分越高；二是项目质量，占比 60%。评判采取百分制记分，由质检人员打分，最终取平均分。

4.2.3 实训的组织

（1）场地准备：多媒体教室。

（2）道具准备：订书机+订书针若干；曲别针 1 盒；宽胶带一卷；胶水 1 瓶；报纸 10 张；A3 纸 20 张；A4 纸 10 张；500 mm×500 mm 硬纸板 5 张。

（3）学生准备：班长在上课前分好 6 个项目小组，选择一名学生作为本小组的组长。其中 4 个小组代表 4 家公司，1 个小组是建筑材料销售商，1 个小组代表项目质检部门。班长需要在上课前一天将分组名单发给教师。

4.2.4 实训步骤及其时间分配

（1）4 个小组对建筑材料进行市场报价，时间为 20 分钟。

（2）购买完材料后，各小组开始建造科技楼模型，时间为 30 分钟。

（3）科技楼模型建成后，质检人员现场检查并打分，时间为 20 分钟。

（4）4 个小组的组长分别阐述其材料购买策略和科技楼建造过程，时间为 20 分钟。

（5）教师公布最终成绩，并对各小组的表现进行总结，时间为 10 分钟。

4.2.5 教师总结与评价

游戏实训可以增加模拟仿真的趣味性，让学生通过寓教于乐的方式，了解创业资源的稀缺性对创业的影响，掌握对有限资源进行创造性利用的方式。教师同时也要让学生明白创业者要善于利用身边能够找到的一切资源，挖掘可利用资源的新价值，通过各种创新行为来收获意想不到的惊喜。

4.3 案例实训：资源整合的艺术

4.3.1 实训项目内容

案例背景 1：星巴克的崛起之路[①]

鲍德温、西格和鲍克三人在 1971 年创建了星巴克。星巴克在当时的市场需求非常

---

① 雷重熹，池去霞，靳润奇，等. 创新创业案例与分析 ［M］. 北京：高等教育出版社：2019.

旺盛，因此其保有稳定的利润。

持续的购买需求引起了霍华德·舒尔茨的兴趣。舒尔茨是星巴克当时的供应商——瑞典厨具公司（Hammarplast）的总经理，他拜访了位于派克市场1912号的星巴克，想要看看这家蓬勃发展的小公司是如何运作的。

1982年，舒尔茨正式加入星巴克，成为市场总监。但是，由于无法劝说星巴克的创始人接受自己的想法——在西雅图开一家小说里才有的咖啡馆，舒尔茨在1985年离开了星巴克。1983年，他开了一家自己的咖啡馆，以米兰一份著名的报纸命名。

1986年8月，为天天咖啡筹得75万美元的舒尔茨获得一个消息：星巴克因经营困难将被出售。为了得到梦想的咖啡店，舒尔茨再次说服投资者们为他凑足收购所需的380万美元。1987年一个阳光灿烂的下午，舒尔茨将星巴克收入囊中，成为星巴克的实际掌舵人。

收购星巴克后，舒尔茨带领星巴克开始向全美各地扩张，他首先将目光投向了芝加哥。但因为手头资金缺乏，加上对市场判断过于乐观，星巴克深陷芝加哥泥沼，1987—1989年，星巴克分别亏损33万美元、76万美元和1 200万美元。

进入芝加哥市场3年后，当地人开始喜欢上星巴克的重烘焙咖啡。舒尔茨通过雇用有经验的经理，同时提高售价以应对上涨的房租和人力成本，便成功扭转局面。

1992年，星巴克的店面已有近120家，并成功在纳斯达克上市。

星巴克增长势头迅猛，2000年，星巴克在全球13个国家开设了2 600家门店。

这一年，舒尔茨辞去CEO职务，担任董事会主席兼全球战略官。首席财务官史密斯出任星巴克CEO，星巴克进一步加快在了全球扩张的步伐。

因为"膨胀"速度过快，加上大环境不景气，2007年，星巴克遭遇了创立以来最大危机：全球13 000多家店内的消费额不同程度减少，季度净亏损高达670万美元，股价创下历史新低。为了节省开支，2008—2009年，星巴克关闭了近千家门店，并将全球新店开张速度下调了30%，还进行了适度裁员，舒尔茨本人也向董事会申请降薪。随着经济大环境复苏，星巴克也顺利走出衰退的泥沼。舒尔茨将目光投向中国市场，并于2010年高调宣布，希望中国可以成为除北美之外的第二大市场。

现在的星巴克与创始之初有了很大的差别。星巴克在一项调查中发现，在自己的2 000万名顾客中，90%都是互联网用户。星巴克决定在菜单上添加一项"新内容"：高速无限互联网服务。它与惠普以及T-Mobile联手，共同致力于为消费者带来无限、高速的上网体验。在拥有T-Mobile HotSpotSM高速无线网络的星巴克咖啡店中，顾客只需一个支持无线网络功能的笔记本电脑，就可以在互联网中畅游。惠普出现以后，星巴克提供的就是全能的超值服务，看似毫无瓜葛的两者，一旦合作，将会改变很多，它们的合作足迹让餐饮业的互联网化成为可能。三家优秀的企业共同为星巴克的顾客定义了一个价值包：可以一边享受香浓的咖啡，一边在互联网中畅游。

在中国，星巴克已经拥有2 800多家门店。2016年12月，星巴克开始支持微信支付。2017年9月25日，星巴克与支付宝官网同时宣布，全部门店支持支付宝付款，并开启了一轮赠送消费券的营销活动。至此，星巴克有望获得支付宝在线下餐饮领域积累的各项数据支持，微信中的各项功能也可以"复制"到支付宝，未来也不排除打通星巴克天猫旗舰店库存，做联动营销的可能。

案例背景2：蒙牛借力①

蒙牛与伊利，两家奶业巨头同处西北边陲重镇呼和浩特，尽管蒙牛的诞生比伊利晚10多年，但蒙牛还是在短短的4年内奇迹般地长大，从进入市场时在同行业排行第1 116位，到2002年以1947.31%的成长速度被商界誉为"成长冠军"，站到了可以与伊利相提并论的位置。现在的蒙牛和伊利同属中国奶业四强，而2018年蒙牛正式挤进前三强，蒙牛的液态奶市场占有率第一，伊利第二；伊利的冰激凌类产品市场占有率第一，蒙牛第二。

蒙牛，是如何实现后来居上的？又是如何从后来居上的角色成长为中国乳业老大的挑战者的？

（1）虚拟联合，借力社会资本。

蒙牛自诞生起，老总牛根生就非常注重借助外部力量发展壮大。

想要做强做大，传统的思维是先建工厂、后建市场。但蒙牛却利用逆向思维：先建市场、后建工厂。于是，蒙牛的"虚拟联合"诞生了：1999年，蒙牛把区内外8个中小型乳品企业变为自己的生产车间，盘活了7.8亿元资产，经营了冰激凌、液体奶、粉状奶3个系列40多个品种的产品，使蒙牛产品很快打入全国市场，当年销售收入达到4 365万元。用了半年时间，蒙牛在中国乳品企业销售收入排行榜中，蹿升至第119位。"蒙牛现象"一时成为成为经济界备受瞩目的一个亮点。

牛根生说，在计划经济下，企业就是生产车间的同义词，而现在做企业，可以先建市场、后建工厂。这样，品牌拥有者运用自己的品牌优势、市场优势、科技优势，将许多个企业联合到自己的名下，只进行资本运营，不发生资金转移，这种联合方式就是"虚拟联合"。

2000年，蒙牛一边扩展"虚拟组织"，一边杀了个"回马枪"，创立了自己的"根据地"，建起了具有国际先进水平的17条冰淇淋全自动生产流水线和22条液体无菌奶生产流水线。

蒙牛有了自己的工厂后，"虚拟联合"不仅没有收缩，而且进一步延伸。目前，参与公司原料、产品运输的600多辆运货车、奶罐车、冷藏车，为公司收购原奶的500多个奶站及配套设施，近10万平方米的员工宿舍，合起来总价值达5亿多元，没有一处是蒙牛自己掏钱做的，均由社会投资完成。通过经济杠杆的调控，蒙牛整合了大量的社会资源，把传统的"体内循环"变作"体外循环"，把传统的"企业办社会"变作"社会办企业"。

1999年，蒙牛实现销售收入4 365万元，居全国第119位。

2000年，蒙牛实现销售收入2.94亿元，约为1999年的6.7倍，销售额居全国同业第11位。

2001年，蒙牛实现销售收入8.5亿元，约为2000年的3倍，销售额居全国同业第5位。2002年，蒙牛实现销售收入20亿元，销售额居全国同业第4位。

2002年12月，摩根士丹利等三家国际投资公司联合对蒙牛投资2 600万美元，是目前中国乳业接受的最大一笔国际投资。

经济界人士说，如果不是"先建市场、后建工厂"，蒙牛产品的问世至少要晚一

---

① 李伟，张世辉. 创新创业教程 [M]. 北京：清华大学出版社，2020.

年；如果不用经济杠杆撬社会资金，蒙牛的发展速度至少减慢一半；如果不引入国际资本，蒙牛的国际化至少要晚几年。

（2）品牌和产品，从借势到抢势。

牛根生是一个非常讲究策略的人。在蒙牛羽翼未丰的时候，他暂时收起了自己的野心。

从品牌上，蒙牛甘当老二，依附于伊利，借势于伊利。蒙牛巧妙地通过"甘当内蒙古第二品牌"的品牌宣传和"中国乳都"等概念的推出，叫响了蒙牛自己的品牌。

内蒙古乳业第二品牌的创意是这样诞生的：内蒙古乳业的第一品牌是伊利。可是，内蒙古乳业的第二品牌是谁？如果蒙牛一出世就提出"创第二品牌"，这就等于把所有其他竞争对手都甩到了后边，一起步就"加塞"到了第二名的位置。这个创意加上蒙牛的实力，蒙牛一下子就占到了巨人的肩膀上，这光沾大了，势借巧了。

蒙牛在宣传上一开始就与伊利联系在一起，其第一块广告牌上写的是"做内蒙古第二品牌"；在冰淇淋的包装上，蒙牛打出了"为民族工业争气，向伊利学习"的字样。蒙牛将其与伊利绑在了一起，既借道伊利之名，提高了蒙牛品牌，使双方利益具备了一定的共同点；又使伊利这个行业老大投鼠忌器，避免了其可能的报复性市场手段，因为此时伊利任何报复性的市场手段都可能造成一荣俱荣、一损俱损的局面。由于牛根生与蒙牛骨干力量全是从伊利出来的，所以提起伊利董事长郑俊怀，牛根生至今仍言必称"我们领导"，显示了对伊利极大的尊重。

在牛根生看来，一个品牌并不单单是一种产品的问题，而是一个地域的问题，内蒙古就是一个大品牌。为提高品牌美誉度，蒙牛还提出了建设"中国乳都"的概念，呼和浩特的奶源在全国最优，人均牛奶拥有量也居全国第一。2001年6月，蒙牛以"我们共同的品牌——'中国乳都'呼和浩特"为主题，在呼和浩特的主要街道高密度投放灯箱广告。从此，"中国乳都"的概念被政府官员和媒体频频引用，得到了政府和民众的支持。

对于蒙牛的举动，伊利也只能表现得极为乐观：既然蒙牛是要做大内蒙古奶业这块大蛋糕，我又何乐而不为呢？而牛根生从一开始就将蒙牛定位于乳品市场的建设者，努力做大行业蛋糕，而不是现有市场份额的掠夺者。他有一句"名言"：提倡全民喝奶，但你不一定喝蒙牛奶，只要你喝奶就行。

在产品上，蒙牛一开始就采取了避实就虚的策略，伊利的主力产品是高端的利乐纸盒包装（利乐包），蒙牛就生产低一个档次的利乐枕塑料袋包装；伊利的主战场在一线大市场，蒙牛就从二、三线市场做起，俨然一个跟随者的角色。

蒙牛在积蓄自己的力量，等待着"牛气冲天"的那一天。

2001年7月10日，离揭晓2008年奥运会主办城市还差三天，蒙牛宣布，一旦北京成功申办奥运会，蒙牛便捐款1 000万元，是国内第一个向奥林匹克运动会组织委员会捐款的企业；2003年3月伊拉克战争爆发后，蒙牛第一个在央视做字幕广告；"非典"爆发后，蒙牛是国内第一个捐款捐物的企业……这一系列举动，好像是在向世人宣布蒙牛要树立中国乳业第一品牌的决心。

2003年，蒙牛已成为不仅包括利乐枕，还包括利乐包的液态奶全球产销量第一的品牌；其产品在国内许多城市已坐上领头羊的位子；在今天的冷饮和乳品市场，蒙牛已是伊利的强劲对手，两家企业的产品形式、价格、市场定位都有很大的趋同性，你推"四个圈"，我就来个"随便"，彼此之间早已展开了正面的竞争。

虽然伊利还像个竖在蒙牛前面的标杆，但正因为牛根生看到了经营乳品生产企业的高度，所以他敢大着胆子翻跟头；伊利更是被牛更生解剖得明明白白的躯体，他能够在运作蒙牛的过程中游刃有余，也深谙伊利的优劣势。

有人问牛根生现在是不是想做"老大"，牛根生说："老大是所有人都想争取的。我们现在考虑的是哪个时间实现销售额达 100 亿美元的事。"

根据案例背景材料，了解创业企业如何有效地进行资源整合。学生以小组为单位学习案例内容，集思广益。每位学生都要积极参与，形成书面材料并由每组组长汇总讨论结果。

4.3.2　实训的目的与要求

实训结束后，学生能够通过案例分析准确总结归纳出案例样本的创业资源整合行为，包括如何识别创业资源、进行了哪些资源整合、采取了哪些资源整合手段等。学生需要通过此项训练，提升创业资源整合能力。

4.3.3　实训的组织

（1）材料准备：学生自行下载打印案例资料，并在课前认真阅读。

（2）场地准备：多媒体教室。

（3）学生准备：班长在课前分好讨论小组，并选出每组组长。各小组做好 PPT 并做好展示准备。

4.3.4　实训步骤及其时间分配

（1）每位学生先在课下阅读给定案例资料。

（2）班长组织分组讨论，每组组长对本组的讨论结果做好记录，汇总后发给本组组员。

（3）采用焦点小组技术方法对小组讨论结果进行评价，形成小组最终结论，并制作 PPT。

（4）在课上分小组展示 PPT。每组展示的时间控制在 10 分钟以内。

（5）小组互评。其他小组依据教师给定的打分标准对展示小组的表现进行评价并打分。

4.3.5　教师总结与评价

案例实训通过选择与所学理论知识相匹配的一些典型企业案例，向学生传递这些企业的经验或教训。教师需要考察学生对案例内容的理解以及对理论观点的分析和概括能力，并对学生的表现给出客观、公正的评价。

4.4　实践实训：为学校网站制作安全生产宣传网页

4.4.1　实训项目内容

为让安全生产的理念深入人心，国家要求全社会要加大安全生产法规及技能的宣传教育力度，各大型企事业单位的网站都设置了安全生产宣传专栏。本实训项目的主要目的是让学生参与学校安全生产宣传网页的设计，以小组的形式完成网页设计工作，通过评比选出优秀作品，并推荐给学校的网站管理部门。

4.4.2 实训的目的与要求

看似简单的网页制作，涉及计算机语言编程、美工设计、视频剪辑、安全生产法律知识和安全生产技能等多种专业和技能。通过本次实训，学生需要了解有效地借助各种资源和力量对完成目标的重要作用，切身体会到创业资源整合的意义。

应该负责人需要在项目开始前制订出工作计划，明确职责分工，并做好工作衔接。网页内容应该具有新颖性、独特性、实用性，项目的完成时间为 30 天。

4.4.3 实训的组织

（1）场地准备：多媒体教室。

（2）资料准备：将与安全生产方面的法律、法规以及制度安排相关的资料提前发给学生。

（3）学生准备：班长组织分组，并选出每组组长。各小组在规定时间内做好 PPT 及展示准备，确定展示顺序。班长还需要安排人员做好展示过程记录。

4.4.4 实训步骤及其时间分配

（1）网页制作（课下完成）。
①各小组确定职责分工和进度安排。
②组长带领小组成员对网页设计方案进行初步构思，确定内容、版式等。
③根据现有小组资源情况，进行外部资源整合。
④开始制作网页。
（2）网页制作完成后，各小组在多媒体教室进行演示并进行详细讲解。各小组的演示时间为 10 分钟。
（3）各小组之间互评，教师对各小组的表现做最后总结。

4.4.5 教师总结与评价

实践实训不仅能够考察学生对内外资源的整合能力，而且还能够锻炼学生的实际动手能力。教师通过对学生工作任务完成情况的检查，能够发现学生在实际操作中是否可以有效地将所学的理论知识应用于实践。同时，教师应该对存在的问题提出相应的改进意见。

［资料小链接］　　　　华为启动了"南泥湾计划"

"不管条件如何变化，自力更生、艰苦奋斗的志气不能丢。"

——2020 年 4 月 23 日习近平总书记给参与"东方红一号"任务的老科学家回信

1965 年，随着一首《南泥湾》红遍大江南北，南泥湾被全国人民所熟知。南泥湾精神长期以来激励着中华儿女。南泥湾精神是什么？1940 年前后，国民党军队向八路军抗日根据地发动大规模扫荡运动，并调集军队包围陕甘宁边区，实行严密的军事包围和经济封锁。当时，延安边区地广人稀，土地贫瘠，仅有140万群众，要担负起几万干部、战士和学生的吃穿用度，这实在是一件难事。面对日益困难的经济形势，毛泽东在延安发动了大生产运动。他率先垂范，在杨家岭的办公楼下亲自开辟了一片荒地，种上辣椒、西红柿等蔬菜；朱德背着箩筐到处拾粪积肥；周恩来迅速成了纺线能手。1940年，朱德总司令根据中共中央关于开展大生产运动的指示精神亲赴南泥湾调查，决定在此屯垦自给。后来南泥湾的开荒的故事，被传颂为延安精神的重要组成部分，这种自力更生、奋发图强的精神内核，激励着一代又一代中华儿女战胜困难，夺取胜利。

2020年，在美国的极限施压下，华为启动了"南泥湾"计划。2020年8月，华为消费者业务CEO在中国信息化百人会上发表演讲时表示，由于美国对华为的禁令将于2020年9月15日起生效，华为麒麟旗舰芯片将因无法继续生产而"绝版"。为了应对美国对华为的技术打压和封锁，华为便启动了一项名为"南泥湾"的计划。其核心意义是通过自身的科研技术代替含有美国技术的产品，从而摆脱美国的技术封锁。这和中国当时的南泥湾精神一脉相承。

资料来源：搜狗网. 什么是华为南泥湾计划？［DB/OL］.（2020-08-09）［2021-11-20］. http://www.sohu.com/a/4122594120797395?_ trans_ =000014_ bdss_ dkjyh.

教学建议：教师在教学中要结合本章训练内容引导学生思考"我们有什么"和"我们需要什么"，教育学生从自己拥有的资源出发，不必受制于人，用很小的成本并把有限的资源投入到当下最有价值的事情上。

第 5 章

商业模式设计

本章课程学习目标

- 了解商业模式的内涵与逻辑。
- 熟悉商业模式的核心构成要素。
- 掌握商业模式的设计方法。
- 了解和体验商业模式的设计过程。

5.1 启发式训练：小馕坑的大"生意"

5.1.1 实训项目内容

阅读案例 1：从小作坊到集团军

在新疆伊宁市塞外疆馕文化小镇，空气中弥漫着烤馕香。这里规划了生产加工区、体验区和生活区，日产馕 4 万多个。2020 年，伊宁市整合现有生产资源，打造了"1 个产业园+10 个生产基地+1 个街区+若干作坊"的馕产业发展体系。

"过去，每天的收入特别不稳定，有时候高到脖子，有时候低到脚脖子。"在伊宁市塔什科瑞克乡馕产业园，库尔班江·吐拉洪在打馕时，手机总是播放着欢快的音乐。他是当地有名的打馕师傅，以前和家人经营打馕店，2020 年 10 月到产业园工作后，专心负责打馕，每个月收入达 7 000 元。"现在好得很，不用操心面和油了，也不愁馕咋卖了。"

与库尔班江·吐拉洪不同，一些师傅依然在经营自己的打馕店，不过口味、手艺、馕坑等也在变化。"过去用的土馕坑烧柴或煤，烟味很重，现在的馕坑用天然气或电，非常环保。"热合曼·巴拉提在乌鲁木齐市会展中街经营打馕店，每到下班时间就特别忙。"大家爱吃热乎的馕，老顾客下班后总会买几个刚出炉的带回家。不愁卖，你看，这些邻居就够我忙活的。"他指着周围的楼群对记者说。

阅读案例2：库车大馕城

记者在库车县大馕城看到，许多当地居民和外地游客都来买馕。油馕、窝窝馕、芝麻馕、胡萝卜馕、花生馕、牛奶蜂蜜馕……各种口味的馕让人垂涎。"没想到馕还有那么多品种，真应了那句'只有你想不到的，没有做不到的'那句话。"居住在库车县老城的居民马秀华说。

"我在伊宁也经常吃馕，却没有吃过库车这么好吃的馕，库车大馕真是名不虚传；更没想到，馕还有那么多文化内涵，所以买了10个礼盒带回去，让亲朋好友品尝一下库车的馕。"来库车旅游的伊宁市哈萨克族女孩玛依拉说，她从来都没有听说过馕还有那么多不为人知的文化内涵，在库车大馕城可算长见识了。

21岁的阿孜古丽·热依木拉是东南大学学生，她在母亲的陪同下专程来到大馕城买馕。"我每次回学校都要带馕回去和同学们分享，大家都喜欢吃我们新疆的馕。"阿孜古丽·热依木拉说，希望新疆的馕能在"库车大馕城"的引领下，走出新疆，走出国门。

馕是新疆传统特色食品，近年来越来越多的人开始喜欢上它。"无馕不待客""没馕不算家"。馕是新疆各族群众喜爱的食品，也是当地的一张特色名片。新疆将馕产业列入"十四五"规划期间做优做强的十大产业之一。新疆馕产业要坚持跳出本地、跳出传统、跳出项目产业的思想，不断提高馕产业规模化、产业化和市场化发展。但长期以来，新疆馕的生产以作坊为主，总体呈现出"小而散"的特点。传统美食何以飘"新香"？如何将地域产品特色转化为产业发展亮色？怎样将产业"潜在优势"转化为"显性优势"？请对周边涉及馕经营的各类组织进行实地调查，看看它们是如何经营的。想要让这些小生意"做大做强"，你有什么好的建议呢？

以小组为单位（5~6人一组），以投资人的身份对校园内及附近的馕饼商业组织进行调查。

5.1.2　实训的目的与要求

通过馕饼经营模式的调查，学生需要了解不同商业组织的主要客户、它们是如何完成交易、收益和成本构成、主要的合作伙伴有哪些、在馕产业中扮演着什么角色。学生需要了解商业模式的概念、提炼并总结馕饼商业模式包括的主要构成要素。

5.1.3　实训的组织

（1）材料准备：涉馕商业组织调查表（此调查是开放式调查，学生可以根据自己对该问题的认知情况进行调查）；各小组需要准备调查报告PPT。

（2）场地准备：智慧教室。

（3）学生准备：各小组必须准备笔记本电脑或移动设备，以便于课堂讨论总结，并形成数字结果；熟悉多媒体教学软件的使用。

5.1.4　实训步骤及其时间分配

（1）小组准备阶段。

各小组对校园及周边地区各类传统馕铺、小商行、便利店、超市、产业园等进行调查（学生在课余时间组织实施，时间长短不限）。各小组对调查结果进行讨论、总结，得出调研结论，制作 PPT（学生课前自行组织，时间不限）。

（2）小组展示和互动。

各小组依次汇报调查结果（每组 3~5 分钟）。

（3）教师点评与小组再次讨论与报告。

教师和其他小组学生可对汇报结果进行点评，提出二次提炼要求，即以简单词汇代表报告的不同内容（10 分钟）。

各小组尝试用简单词汇对调查材料和结果进一步提炼归纳（10~15 分钟）；各小组依次介绍提炼的成果，并对词汇进行相应解释（每组 3~5 分钟）。

（4）教师总结。

教师归纳总结，提出商业模式概念，并对商业模式与战略、管理等学生熟悉的词汇进行讲解。

5.1.5　教师总结与评价

结合学生的汇报，教师需要分析商业模式的构成和特征，分析商业模式为什么非常重要。同时，教师需要引导学生思考商业模式的基本问题是什么，包括哪些核心要素，如何在模仿和竞争中设计商业模式。

[阅读材料]　　　　　　　　**商业模式创新**

市场上出现过一个品牌，叫梦露，它只做女式睡衣产品，销售价格为 188 元；只有两种款式，吊带的和齐肩的；也只有两种颜色，橙色和紫色。经销商用了一个不一样的销售方式——送。怎么送呢？免费。如果你穿了该睡衣感觉很好，就请你帮我们做口碑宣传。

如果这件睡衣送给你，你会要吗？当然会。

但是该公司提了另外一个要求，我们送给你是可以的，快递费你出可以吗？快递费是 23 元一件，但是支持货到付款，支持退货。消费者是零风险。这也就意味着你花 23 元快递费，便可以拿到一件价值 188 元的女士睡衣，你愿意吗？也许第一次你不会动心，但是如果你发现同一时段竟然有 157 家网站都在为它打广告，你会不会点开看一看呢？那么，我相信至少有 80% 的人都会订一件。

那么免费送，到底送多少呢？第一阶段送 1 000 万件，我们计算一下，共计 18.8 亿元，这家公司愿意拿 18.8 亿元砸一个市场。也许很多人都会说，它是赔钱赚吆喝。

但是这家公司既不是世界 500 强，也不是中国 500 强，这时候，很多人即使只为了满足一下好奇心，都会订一件。于是，你就会留下名字、电话、手机、地址。随后，快递真的送到你家了，你打开快递一看，这个睡衣的质量真不错。

很多人看不明白，这家公司是在做慈善吗？

首先，该公司需要解决货源问题。做生意的人都知道，中国义乌小商品批发市场世界闻名，在那有很多小型的服装加工厂，它们的制作成本可以很低。

该公司有 1 000 万件订单，如果那些小型加工厂给其他公司的报价为 10 元，给该公司的报价为 8 元可不可以？注意该公司生产的是夏季的女式睡衣，其特点是款式简单和省布料。

为什么 8 元成本的睡衣在商场里面可以卖到 188 元？今天如果我们买双鞋子，市面成本是 50 元，可是到商场里面却卖 300 元，请问 50 元到 300 元中间的差价去哪儿了？没错，商场收了 27%~33%，营业员分了 12%。梦露睡衣的生产成本只有 8 元，但是到消费者手中没有任何赚差价的环节。

这样消费者便真正得到了实惠，消费者开心不开心？消费者觉得赚了，肯定开心！

接下来就是快递的问题了，我们平时寄快递至少需要 10 元，但是，如果该公司一年有 1 000 万件快递，快递费可不可以更便宜？因此，该公司最后以 5 元敲定快递成本（因为夏天的女式睡衣很轻，又很小）。

下面就剩下广告了，本来网上做这种免费送东西的广告是不需要花钱的，因为网站要的是浏览量。但是，为了让我的睡衣送得更疯狂，只要在你家的网站上送出去一件，我就给你 3 元的提成，你是不是会把广告打得更疯狂？于是，所有的网站都帮着打广告。

最终，该公司生产一件睡衣的成本为 16 元。也就是说，该公司实际上送一件睡衣只付出了 16 元的成本，但是，消费者却付了 23 元的快递费。该公司只要送一件睡衣就赚了 7 元。

这家公司做了什么？快递谁送的？快递员。广告谁做的？网站。钱谁赚了？它赚了。

这就是商业模式的厉害之处。

当然，文章里边的设计是十分精妙的，一环扣一环，往往是无法复制的，在这里只是提供一种思维方式，以期有所洞见！

资料来源：陈博，宋连亮. 大学生创业训练营［M］. 北京：清华大学出版社，2018：33-35.

5.2 案例实训：商业模式的分析框架

5.2.1 实训项目内容

以小组为单位，基于新疆馕相关商业组织的调查，借助商业模式画布可视化分析框架，分析、提炼不同规模下新疆馕产业的商业模式。利用 PPT、雨课堂等混合式教学软件分享小组讨论成果，并以商业模式画布为框架形成完整的商业模式分析结论。

5.2.2 实训的目的与要求

通过分析不同新疆馕产业化的路径，教师需要引导学生从传统的馕作坊、特许经营（加盟连锁）、上市公司等的商业模式分析，形成完整的商业模式概念，掌握商业模式的分析框架；使学生理解不同企业发展阶段或规模（或商业目标）的商业模式差异，从而使学生具备一定的商业模式分析能力。

5.2.3 实训的组织

（1）材料准备：涉馕商业组织调查材料，各小组调查报告 PPT。
（2）场地和设施准备：智慧教室、雨课堂等混合式教学软件。
（3）学生准备：各小组必须准备笔记本电脑或移动设备，以便于课堂讨论总结，并形成数字结果。

5.2.4 实训步骤及其时间分配

（1）学生讨论与报告。

以传统的作坊式馕铺为例，进行商业模式分析。各小组以商业模式画布为分析工具，对校园及周边地区各类传统馕铺进行系统的商业模式分析（15分钟）。各小组在讨论基础上构建商业模式画布图，并制作PPT（10分钟）。各小组依次汇报各自的调查结果（每组3~5分钟）。

（2）教师点评。

教师对学生的总结结果进行点评，提出二次提炼要求，即以更为精炼准确的词汇表达商业模画布的各要素。

（3）学生再次讨论与报告。

各小组对商业模式画布的各要素进行二次提炼，提高准确性和简洁度（10~15分钟）；各小组通过雨课堂等混合教学软件分别按要素提交商业模式画布的最终成果（5分钟）。

（4）教师总结。

教师进行归纳总结，以传统馕铺为例，汇总各小组讨论分析的结果，绘制出本班传统馕铺的商业模式画布（15~20分钟）。同时，教师应该提出新疆馕产业化的不同路径，并要求学生完成不同路径下的商业模式画布分析（5分钟）。

5.2.5 教师总结与评价

结合学生的案例分析，教师需要讲解商业模式画布分析的逻辑顺序。

[知识链接]　　　　　　**商业模式画布分析的逻辑顺序**

商业模式画布（business model canvas，BMC）在表征的价值流向是：价值创造>价值交付>价值获取，这会误导学生从画布左侧开始构建商业模式，导致普遍出现在没有分析商业价值的情况下就开始讨论合作伙伴、关键业务和资源（我们如何创造价值）的情况，从而造成价值链的错乱。因此，我们需要对商业模式画布构建的顺序做相应调整，以便符合价值创造的自然顺序。图5-1为商业模式画布的价值流向。

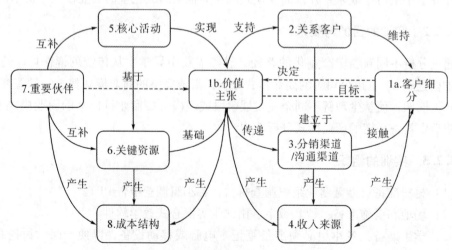

图 5-1　商业模式画布的价值流向

首先，必须解决"我们希望解决哪些未满足的需求？"（客户细分）和"我们的产品/服务的突出特征是什么？"（价值主张）的问题。它的逻辑是：首先识别需求并用产品满足需求，这比先开发产品然后再寻找需求（寻找问题的解决方案）更有意义。

满足需求通常有两种方式，具体说明如下：①技术推动。史蒂夫·乔布斯在没有进行市场调查，缺乏调研数据证明触摸屏会优于智能手机键盘的情况下，就发布了iPhone，但却取得了巨大成功。②市场拉动。这个逻辑的假设是：必须先了解未满足的需求和目标，然后构思产品。只有明确了客户和定位之后，才能开发产品/服务，然后进行原材料采购、制造并进行营销。值得注意的是，大多数现代创新过程都是技术推动和市场拉动的不断反复。对于创业者来说，了解自己擅长什么（他们的"核心能力"）以及热衷于什么确实很重要。创业者需要了解创造价值所必需的生态系统、资源和技术密集型业务。但是，如果忽略了核心能力的服务对象，以及哪些属性对目标客户（定位）最有价值，创业者研发的产品或服务也会无人问津。研究表明，40%~90%创业者研发的新产品不合格（取决于类别）。图5-2中展示的价值创造和价值交付之间的迭代方法可以大大提高那些基于核心能力或关键资源的客户找到解决方案的可能性。

其次，价值传递和价值获取，即画布的右侧。画布的右侧是关于将预期的价值传递给目标客户，从而使组织能够产生收入（价值获取）。企业通过建立客户忠诚度，还可以确保这些客户的交易及时有效。

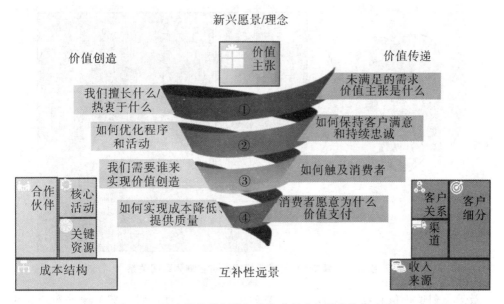

图5-2　BMC的价值创造和价值交付方之间的迭代方法

画布的右侧处理以下问题：

①客户群体和价值主张。我们为谁创造价值？我们应该针对哪些细分受众？为了更好地了解他们的需求，我需要了解什么？对我的产品/服务，此细分市场未满足的需求是什么？该细分市场希望我在产品/服务开发中强调哪些属性（功能、社交、情感）？这两个要素是密不可分的，应该反复考虑。任何利用价值主张拓展出的想法都应与目标群体一起检验，并根据其需求/期望进行验证。

②客户关系。如何使客户满意并忠于我的品牌？我们如何使用数据和数字技术来了解他们的需求？我们如何听取他们的反馈？

③渠道。如何通过交流（促销）接触我的目标受众（在物流/分销方面）？数字技术在物流（全渠道解决方案）和数字营销中的作用是什么？

④现金流入。我们如何捕获我们创造的价值？客户愿意为此价值支付多少？通过提供价值主张（数据、品牌忠诚度），我还能获得什么其他好处？

当然，我们也可以通过另一种方式来看待画布右边各要素的逻辑：通过了解目标客户的未满足需求以及我们如何以独特的方式来解决客户遇到的问题，从而产生了价值主张。为了维持这些客户的忠诚度，我们需要建立客户关系机制（社区管理、忠诚度计划、游戏化、直接营销），使我们能够与这些客户保持联系，同时更好地了解他们（数据分析）。为了覆盖我们的客户，我们的传递策略既需要数字渠道（网站、社交媒体等），又需要实体渠道（商店、分销合作伙伴，印刷媒体等）。这些渠道不仅用于沟通，而且用于我们的产品和服务的交付。只要选择了合适的价值交付方式，客户将很乐意以现金和忠诚度进行回报。

市场营销的所有元素都适合用商业模式画布表示，如图5-3所示。价值主张应包含产品或服务的关键属性及其定位策略。不仅仅7P模型，所有营销决策均应基于定位和目标（客户群）的选择，包括沟通渠道（促销）、分销网络（放置），如何设计商店、服务交付发生的建筑物（物理环境），以及如何增强客户体验来提高品牌忠诚度等。

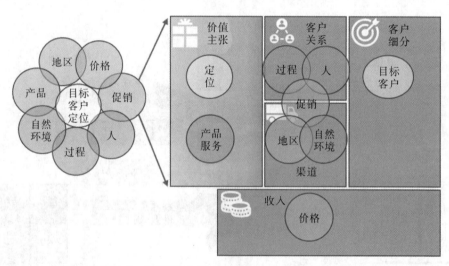

图5-3　营销7P与商业模式画布右侧要素间关系

最后，创造价值和控制成本，即画布的左侧。画布的左侧是有关操作和后勤决策的信息，这些决策通常会避开营销专家，但对于创造价值至关重要。它们引发了有关以下方面的问题：①关键业务。我们的核心能力是什么？这些业务中的哪一项对创造价值主张至关重要？②关键资源。为了执行创造价值主张的基本业务，哪些人才是必不可少的？哪些技术资源具有战略意义？③合作伙伴。我们应该外包价值创造过程的哪些方面？我们内部没有什么能力（制造、软件开发、广告），这对于创造价值主张必不可少？④成本结构。上面的哪些要素（业务、资源、伙伴关系）引发高成本并且需要仔细地监视/控制？我们如何在不影响预期质量的情况下降低这些成本？创造价值的基本原理：关键业务（例如研发、平台维护、产品设计）建立在稀有且宝贵的资源（有才华的工程师、开发人员、设计师、营销人员，以及技术诀窍、品牌形象等）的基础上。没有任何一家公司可以独自创造价值，需要将部分业务外包给主要合作伙伴，例如制造商、广告商、服务提供商、物流平台、数字平台。业务、资源和合作伙伴都会导致资金的支出，如果控制得当，整体成本结构低于现金收入，形成可持续的商业模式。

5.3 实践实训：商业模式的设计

5.3.1 实训项目内容

阅读案例1：《中欧地理标志协定》正式生效，库尔勒香梨名列其中[①]

自2021年3月1日起，《中欧地理标志协定》正式生效。随着该协定的生效，我国首批100个地理标志正式获得欧盟保护，库尔勒香梨名列其中。这是中国与外商签订的第一个全面的、高水平的地理标志协定，对深化中欧经贸合作具有里程碑意义。

《中欧地理标志协定》的谈判于2011年启动，历经8年共22轮正式谈判和上百次非正式磋商，于2020年9月14日正式签署。据了解，该协定纳入双方共550个地理标志（各275个），涉及酒类、茶叶、农产品、食品等。该协定的保护分两批进行：第一批双方互认各100个地理标志，于2021年3月1日起开始保护；第二批双方互认各175个地理标志，将于协定生效后4年内完成相关保护程序。

以库尔勒香梨为例，只有产于新疆库尔勒香梨地理标志原产地认定的范围之内的香梨，才能称为库尔勒香梨。《中欧地理标志协定》生效后，不满足该协定规定条件的香梨，将不能以"库尔勒香梨"的名称在欧洲市场销售。"巴州库尔勒香梨协会在8年间，无数次地向国家知识产权局提交资料，并就细节进行反复沟通，现在协定正式生效，这是对库尔勒香梨品质、安全性的高度认可和保护，也是中国农产品加强国际化、提升品牌影响力的重要契机。库尔勒香梨的品质将更受信任、品牌将更加醒目，也让我们有信心和决心将农产品国际化做得更好。"巴州库尔勒香梨协会会长盛振明说。

阅读案例2：新疆特色农产品风头正劲[②]

在第十八届中国国际农产品交易会上，新疆各地围绕特色农产品，在"产业+消费"扶贫上发力，在拓宽农产品销售渠道的同时，持续稳定带动当地农民增收。

在新疆扶贫展区，记者看到展区内设有展销柜、扶贫成果展示墙、视频展示区和洽谈区。展销柜重点展示了贫困地区以红枣、核桃、香梨、玫瑰花、肉制品为代表的130余种特色农产品；扶贫成果展示墙以图文并茂的形式重点展示了贫困县扶贫主导产业简介及扶贫成效。

新疆维吾尔族自治区农业农村厅相关负责人介绍，2020年新疆红枣、葡萄产量均

① 资料来源：https://baijiahao.baidu.com/s?id=1693131460496365543&wfr=spider&for=pc,2021-04-10.

② 资料来源：http://k.sina.com.cn/article_1904947977_718b330902000t93s.html.

居全国首位，核桃产量居全国第二，肉牛、肉羊、特色乳业在全国占有相当比重，色素辣椒、食用菌、小茴香、红花、种兔、肉鸽等特色种养业以及以馕为代表的主食加工产业蓬勃发展，基本形成"一县一业""一村一品"的产业发展格局。贫困县的扶贫主导产业成为带动贫困群众脱贫增收的支柱产业。该负责人说："随着新疆把产业扶贫作为精准脱贫的重要抓手，我们也将继续立足贫困地区资源优势，不断优化产业结构、聚集特色产业、拓展营销渠道，帮助更多群众增收致富。"

以小组为单位，借助商业模式画布可视化分析工具，为家乡特色农产品（或工艺品）设计有效的商业模式分析；利用PPT、雨课堂等混合式教学软件分享小组讨论成果。教师应该对学生的商业模式设计进行点评，学生根据老师的建议优化商业模式设计。

5.3.2　实训的目的与要求

通过本实训，学生需要了解商业模式及其构建模块的重要性；同时，学生应该利用商业模式画布，将其应用于特定产品（商业项目），从而不断提高其实践能力。另外，在描述商业模式设计方案并获得评估反馈的过程中，学生需要进行口头陈述，以提高其陈述和表达能力。

5.3.3　实训的组织

（1）材料准备：白板（或大张白纸）、彩色标记笔。

（2）场地和设施准备：智慧教室、雨课堂等混合式教学软件。

（3）学生准备：各小组必须准备笔记本电脑或移动设备，以便于课堂讨论总结、即时查询资料等。

（4）教师准备：具备较丰富的商业模式设计相关知识的讲习教师，涉农或手工业实践专家。

5.3.4　实训步骤及其时间分配

（1）教师以小案例做引导，提出商业模式设计的要求（5分钟）。

（2）各小组以白板为工具，在讨论基础上逐一总结、提炼产品商业模式的构成要件，同时用不同标记笔进行呈现（20分钟）。其间，讲习教师和实践专家可以与学生面谈交流。

（3）选取经典商业模式设计进行讲解并点评（10分钟）。

（4）讲习教师对学生的总结结果进行点评，选取一个经典案例，提出商业模式迭代要求（5分钟）。

（5）各小组对经典案例商业模式各要素进行二次提炼，以提高商业模式的实用性（10~15分钟）。

（6）各小组通过雨课堂等混合教学软件分别按要素提交经典案例商业模式画布的最终成果（5分钟）。

（7）实践专家对班级商业模式设计进行总体点评，并归纳总结（15~20分钟）。

（8）教师提出商业模式创新的要求，根据实践专家的建议进一步提炼商业模式画布的关键词（5分钟）。

5.3.5 教师总结与评价

结合商业模式设计的要素，教师应该让学生认识到商业模式是不同于盈利模式的，并让学生了解商业模式设计的一般过程。同时，教师应该对比各小组的商业模式设计，然后进行点评和讲授。

5.4 游戏实训：商业模式伙伴关系游戏

5.4.1 实训项目内容

本实训通过项目发起人与主要合作伙伴的角色扮演，模拟创业项目价值创造的主要参与者之间关键资源或核心能力的交换过程（包括交换内容、交换方式以及谈判过程）。本游戏实训侧重于模拟特定合作伙伴、关键资源、核心能力之间的关系，主要涉及商业模式画布左侧的各要素，主要体现价值创造活动的内在关系。

5.4.2 实训的目的与要求

（1）通过角色扮演、情景模拟等游戏方式提高学生学习积极性，通过开放的讨论和协商提高学生分析沟通能力；使学生了解商业模式及其构建模块的重要性。

（2）通过角色扮演、情景模拟等游戏方式将学生带入创业项目运营的具体细节，强化学生对商业模式及其运营过程的深入理解，使学生更加深入理解商业模式相关知识，并为前期所学商业模式知识提供了充分的口头表达、组织运用场景。

（3）本实训涉及对学生创业项目（家乡特产项目）、商业模式要素的再组合，可以提高学生的创新能力。

5.4.3 实训的组织

（1）材料准备：教具每组3套，包括核心资源区、关键资源卡、交换区，如图5-4所示。教具可以采用简易方式制作，即用白纸自制；也可以用有机塑料按照规格制作成可重复利用的教学用具。

（2）其他辅助材料：彩色标记笔。

（3）场地和设施准备：智慧教室（便于团队讨论的座椅）。

（4）学生准备：各小组必须准备笔记本电脑或移动设备，以便于课堂讨论总结、即时资料查询等。

5.4.4 实训步骤及其时间分配

（1）游戏准备阶段（5分钟）。

教师对游戏内容进行讲解，要求学生以第三节要求的家乡特色产品创业为基础，对价值创造过程的伙伴进行梳理，挑选出两个最核心的合作伙伴，组成游戏三方：项目发起方、主要合作伙伴A、主要合作伙伴B。

项目发起方依次与合作伙伴进行资源或能力交换，双方都站在自身利益的基础上进行谈判，并将要交换的核心资源（能力）卡放置在交换区（见图5-4）。

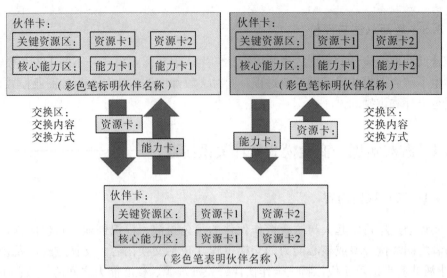

图 5-4　伙伴关系游戏卡片

（2）小组互动与参观学习（40 分钟）。

学生以小组方式进行互动，每组学生分成三个角色，分别扮演创业者（项目所有人）、两个重要合作伙伴。每个角色核心工作为①确定角色的关键资源（核心能力）；②了解、掌握合作伙伴的资源特色；③就资源的利用进行谈判，并将最终谈判的结果展示在交换区。

各小组参观学习。在角色扮演结束后，游戏的结果将清晰呈现在桌面，各小组可以与自己感兴趣的团队交流，互换意见，提出自己小组的改进意见。

（3）教师点评与总结（5 分钟）。

教师选取 1~2 个经典游戏团队，介绍游戏过程，阐明游戏的收获和感悟。教师应该对游戏进行总体点评，并归纳总结。

5.4.5　教师总结与评价

教师应该分析经典游戏团队的共同特征、经典游戏团队的优点、在选择合作伙伴时应考虑的因素。

5.5　游戏实训：商业模式收入环游戏

5.5.1　实训项目内容

本游戏实训通过情景模式，将主要细分客户与收入方式随机组合，形成收入环构成要素组合创新，并分析由此对其他细分客户收入环产生的影响；本游戏实训侧重于模拟特定价值主张、客户细分市场、客户关系和收入类型之间的关系，主要涉及商业模式画布右侧的各要素，主要体现价值主张和价值捕获的内在关系。

5.5.2　实训的目的与要求

（1）通过角色扮演、情景模拟等游戏方式提高学生学习积极性，通过开放的讨论和协商提高学生分析沟通能力，使学生了解商业模式及其构建模块的重要性。

（2）通过角色扮演、情景模拟等游戏方式将学生带入创业项目运营的具体细节，强化学生对商业模式及其运营过程的深入理解，使学生更加深入理解商业模式相关知识，并为前期所学商业模式知识提供了充分的口头表达、组织运用场景。

（3）本实训涉及对学生创业项目（家乡特产项目）、商业模式要素的再组合，可以提高学生的创新能力。

5.5.3 实训的组织

（1）材料准备：教具每组一套，包括收入环教具，如收入环沙盘（可以让学生手绘，有条件的可以制作成可重复利用教具，具体构成见图5-5）、骰子、与沙盘颜色匹配的彩色便利贴，彩色标记笔若干。

（2）场地、设施准备：智慧教室、便于团队讨论的座椅。

（3）学生准备：各小组必须准备笔记本电脑或移动设备，以便于课堂讨论总结、即时资料查询等。

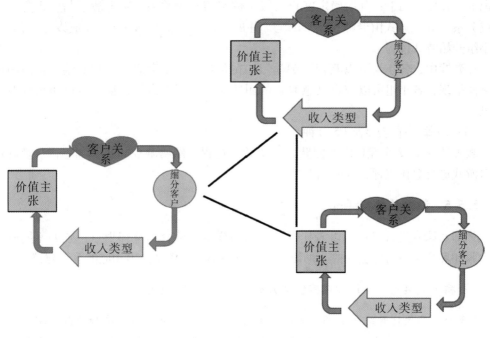

图5-5　收入环沙盘示意图

5.5.4 实训步骤及其时间分配

（1）游戏准备阶段（10分钟）。

教师对游戏内容进行讲解，要求学生以第三节要求的家乡特色产品创业为基础，挑选出三个重要细分客户，分别讨论收入方式、创新性的探索、不同收入对应的价值主张和客户关系模式。

游戏主要包括两个步骤。

第一步，确定分析客户和收入方式组合。此步骤需要通过掷骰子确定：第一次掷骰子确定要研究的客户（需提前对 3 个客户进行标号，1~6 随机对应一个客户，每个客户对应 2 个数字）；第二次掷骰子确定收入方式（老师提前选取 6 种收入方式，1~6 随机对应一种收入方式），在获取收入方式后，用标记笔写在便利贴上，粘贴在沙盘特定收入环中，收入方式的位置上。两次随机掷骰子后，便产生了一个细分客户与收入方式的组合。

第二步，确定价值主张。获取一个组合后，各小组便可以开始思考能否从客户处获取该种收入，要实现这种收入我们需要为客户提供什么（价值主张），并用标记笔精炼地写在便利贴上，粘贴在价值主张的位置。同时，各小组应该思考：为稳定地实现这种收入，应该怎样维护或维持什么样的客户关系，并用标记笔精炼地写在便利贴上，粘贴在客户关系位置。在完成以上任务后，各小组需要讨论：这种收入方式会不会改变细分客户间的关系，会产生什么样的改变，并用标记笔精炼地写在便利贴上，粘贴客户关系链接线位置。

（2）课堂游戏互动（40 分钟）。

本游戏实训以小组方式进行，各小组首先按照重要程度，选取 3 个细分客户，用标记笔写在便利贴上；其次确定客户与骰子数字的对应关系，确定骰子与收入方式的对应关系（收入方式由老师在课堂确定，并展示在 PPT 或白板上）。完成以上工作后，各小组开始游戏过程。

在游戏中，各小组可以互相参观学习。在角色扮演结束后，游戏的结果将清晰地在桌面呈现，各小组可以与自己感兴趣的团队交流、互换意见，提出自己小组的改进意见。

（3）教师点评与总结（5 分钟）。

教师选取 1~2 个经典游戏团队，介绍游戏过程，阐明游戏的收获和感悟。教师应该对游戏进行总体点评，并归纳总结。

5.5.5 教师总结与评价

教师对课堂进行点评，以最佳作品展示为样本，结合本章知识点，强调不同的价值主张和客户关系可能会对收入的影响，并对各小组的作品提出相应的改进建议。

[资料小链接]　　产业结构优化升级 创新"三新"经济

"产业结构优化升级是提高我国经济综合竞争力的关键举措。要加快改造提升传统产业，深入推进信息化与工业化深度融合，着力培育战略性新兴产业，大力发展服务业特别是现代服务业，积极培育新业态和新商业模式，构建现代产业发展新体系。综合国力竞争说到底是创新的竞争。要深入实施创新驱动发展战略，推动科技创新、产业创新、企业创新、市场创新、产品创新、业态创新、管理创新等，加快形成以创新为主要引领和支撑的经济体系和发展模式。"

——习近平 2015 年 5 月 28 日在华东七省市党委主要负责同志座谈会上的讲话

"我们全方位推进理论创新、实践创新、制度创新、文化创新以及其他各方面创新，不断释放增长新动能。中国正成为各种创新要素发挥集聚效应的广阔平台，不论基础设施还是经济业态，不论商业模式还是消费方式，都迸发出创新的澎湃动能。"

——习近平 2017 年 11 月 10 日在亚太经合组织工商领导人峰会上的主旨演讲

随着商业时代的变迁，商业模式也发生着巨大的变化，由过去的"羊毛出在羊身上"，变成了"羊毛出在猪身上，狗买单"。

举个例子，一项产品免费进入市场之后，就能够获得海量的用户和关注。这些海量的用户就变成企业与广告客户谈判的筹码，企业通过广告服务或增值服务，形成了新的价值链，"羊毛"就出在做广告的企业身上，而去买这个企业所宣传产品的最终客户（狗），其实才是最终出钱的那一方。原来，免费的商业模式可不是简单的免费，而是为了更好地整合资源。

资料来源：学习强国，央视财经. 免费经济背后的商业模式了解一下？［N］. 人民日报，2019-06-07.

根据《新产业新业态新商业模式统计分类（2018）》和《新产业新业态新商业模式增加值核算方法》，2017 年全国"三新"经济增加值为 129 578 亿元，相当于 GDP 的比重为 15.7%，比上年提高 0.4 个百分点。按现价计算的增速为 14.1%，比同期 GDP 现价增速高出 2.9 个百分点。

"三新"经济是新产业、新业态、新商业模式的简称，是经济新产业、新业态、新商业模式生产活动的集合。"三新"经济增加值是指一个国家（或地区）所有常住单位在一定时期内进行"三新"经济生产活动的最终成果。

从三次产业来看，我国第一产业"三新"经济增加值为 5 998 亿元，相当于 GDP 的比重为 0.7%；第二产业"三新"经济增加值为 54 253 亿元，相当于 GDP 的比重为 6.6%；第三产业"三新"经济增加值为 69 326 亿元，相当于 GDP 的比重为 8.4%。第三产业"三新"经济增长迅速，增加值现价增速为 17.0%，相当于 GDP 的比重比上年提高 0.4 个百分点。

资料来源：陆娅楠. 国家统计局首次发布"新产业新业态新商业模式"增加值数据［N］. 人民日报，2018-11-23.

教学建议：教师在教学中要结合本章训练内容引导学生思考"为什么要推动商业模式创新？"和"新时代推进商业模式创新的重要意义"。

第6章

创业计划书撰写与项目路演

本章课程学习目标

- 了解创业计划书的基本规范和格式。
- 掌握创业计划书的主要组成部分。
- 理解创业计划书的内容撰写技巧。
- 规避创业计划书的错误写法。
- 掌握项目路演的技巧。

6.1 实践实训：撰写创业计划书

6.1.1 实训项目内容

以小组为单位完成创业计划书的撰写；以课下开展、课上分享讨论为主要形式。

6.1.2 实训的目的与要求

学生应该站在投资者的立场，理解创业计划书各部分结构的逻辑联系和要义，不断形成撰写创业计划书的能力。

6.1.3 实训的组织

（1）材料准备：各小组的创业计划书。
（2）场地准备：多媒体教室。
（3）学生准备：班长在上课前通知同学们做好 PPT 及展示准备，安排展示顺序和展示过程并做好记录。

6.1.4 实训步骤及其时间分配

（1）各小组完成创业计划书的撰写。此步骤需要在课下完成。

（2）小组展示。

各小组展示创业计划，每个小组的展示时间应该控制在 8 分钟。在这个阶段，各小组不做点评与互动，教师需要记录各小组创业计划展示的内容结构以及各部分存在的问题。

（3）教师点评与总结（30 分钟）。

教师结合各小组展示的商业计划书，强调商业计划书的结构与要义。

资料链接：

表 6-1　创青春"挑战杯"全国大学生创业计划竞赛决赛答辩评价标准

评审要素	得分	评审要素	得分
1. 正式陈述（55 分）		2. 回答问题（30 分）	
产品/服务介绍和市场分析（10 分）		正确理解评委的问题（5 分）	
公司战略和营销策略（10 分）		及时流畅回答问题（5 分）	
团队能力和经营管理（10 分）		回答准确可信（10 分）	
企业经济/财务状况（5 分）		对评委感兴趣问题能充分阐述（10 分）	
融资方案和回报（10 分）		3. 团队整体表现（15 分）	
关键风险和问题分析（5 分）		整体答辩逻辑严谨、思路清晰（5 分）	
陈述时间控制（5 分）		团队成员协作完成（5 分）	
答辩评审总得分			

资料来源：舒晓楠. 创业基础［M］. 重庆：重庆大学出版社，2017：99.

6.1.5　教师总结与评价

（1）项目概况。

①想一想，除了文字、图片和表格，还可以用什么手段来有效展示自己的项目？

②用 1 分钟的时间来介绍项目。思考一下：为什么时间不够？或为什么时间太多？

③项目概述的目的是让人了解你们的项目是做什么的，可以从以下几个方面开展思考：

a. 用竞争对手来举例，比如，我们做的是类似于"摩拜单车"的项目。

b. 如果是类似于其他竞争对手的项目，那么必须表明本项目的竞争优势是什么？可以用其他行业的知名企业来举例，引用到本行业。比如，我们是手机充电行业中的"摩拜单车"。

c. 描述出你做该项目的优势，比如，我们是一群在知名 IT 企业有 10 多年经验的 IT 毕业生，从事的是手机充电行业中的"摩拜单车"。

d. 尽可能用视频、实物、用户现身说法等互动性高的形式来进行阐述。

（2）市场介绍。

①对创业项目的市场范围定位是否准确？一般而言，创业项目比较容易夸大市场份额。比如，做社区蔬菜销售的企业描述自己的市场范围是"全中国的老百姓"，其实更确切的表达是"在一到三线城市居住的城市居民、经常买菜的人员，比如家庭妇女、老年人等"。

②估算市场容量以及市场未来 5 年的成长空间，尽可能用货币化数据来进行反映。

③一般而言，在小型市场，需要评估创业团队是否能占70%~80%的比重；在大型市场，则需要大致评估创业团队所占比重。

④借鉴国外市场发展的趋势，然后乘以中国的人口基数，是一个比较有意思的估算方法。

（3）竞争对手分析。

①尽可能用数据列表的方式表现竞争对手的情况。

②千万不要说：没有竞争对手。

③竞争对手的经营情况和已经进行的市场调查活动。

④竞争对手的优势和劣势。

（4）盈利模式。

①盈利模式应尽可能简洁、清晰。

②需要回答消费者是谁、付费者是谁；产品是什么、解决的痛点是什么（尽可能在一张PPT里面完成，所以必须有强逻辑性的联系，而不是文字的堆砌）。

③创业项目应该尽可能直接赚钱，不要设计需要经过几道程序之后才能赚钱的模式。

④如果暂时没找到赚钱的方式，也不要随便编写，应该如实回答，如果该项目有价值，投资人也愿意投资甚至会帮你想赚钱的方式。

（5）核心竞争力。

①任何一个项目都必须有核心竞争力。

②核心竞争力必须难以复制。

③核心竞争力不是用钱来堆砌的。

④核心竞争力主要包括独特的客户渠道、特殊的行业人脉、个人的品牌资源、高效的执行团队、有效的推广渠道等。

⑤相对来说，技术竞争力可能不会被天使投资阶段的投资人所青睐，因为技术更新换代的频率和成本比较高。

（6）创业团队。

①不要仅仅用照片罗列出创业团队的人员。

②在商业计划书中应体现初创团队的学历、职业背景和分工，特别需要强调的是成员从事创业项目的经验和职业背景。

③股份比例可以口头阐述，不用直接写出。

（7）发展目标。

①投资人更关心企业的成长以及因此能带来的资本增值，所以他们更关心一些核心指标，比如年营业收入、客户数量、市场占有率等。

②相对而言，投资人并不考虑分红，因此他们对利润较不敏感，但是能够盈利而且能生存下去的创业项目会是一个加分项。

③成本是值得关注的重要内容。

④员工人数众多，绝对不是创业者追求的目标。

（8）融资规划。

①融资不是越多越好，应该合理估算融资之后的资金使用情况。如果上一轮的融资金额较大，下一轮的融资压力就会比较大。

②融资的使用情况分析。

图 6-1 为商业计划书 PPT 第 1 页①。

"财金+" 制造业金融
商业计划书

图 6-1　商业计划书 PPT 第 1 页

【点评】制作一张简明扼要的 PPT 封面非常重要。这份商业计划书虽然突出了创业团队想表达的"制造业""金融"的主题，但是该 PPT 封面的用词还需要进步提炼。封面的词语既要让人立刻看明白，又要让人产生浓厚的兴趣。

图 6-2 为商业计划书 PPT 第 2~3 页。

图 6-2　商业计划书 PPT 第 2~3 页

【点评】用两页 PPT 强调项目所面临的时代机遇，似乎有些冗余，建议缩为一页即可。

图 6-3 为商业计划书 PPT 第 4 页。

> ■ John 1992 年毕业于某大学金融专业，2006 年毕业于某大学 MBA，曾就职于 A 银行、B 银行和 C 银行，历任支行行长助理，分行业务管理部副总经理、风险管理部副总经理、授信管理部副总经理等职，多次参与监管部门组织的行业信贷监测工作，具有丰富的金融业务创新、业务营销指引、业务方案设计和授信风险管理等方面的实战经验。
>
> ■ J. Y 1996 年毕业于某大学经济管理学院，2005 年毕业于英国某大学 MBA，先后就职于 A 银行、E 银行、F 银行、WW 金融，具有多年银行和海外金融及银行业务开拓和营销管理工作经验；参与了多项重大的政府及集团融资项目，并负责搭建了融资系统风险管理模块及风险监控模型制定。

图 6-3　商业计划书 PPT 第 4 页

① "财金+"制造业金融商业计划书的参考书籍为张玉利，杨俊，等. 创业管理：行动版［M］. 北京：机械工业出版社，2017：104-113.

【点评】在PPT的顺序安排上，这份商业计划书特别想要突出团队成员，所以将之提前。因为涉及保密问题，所以需要删除几位团队成员，并隐去真实姓名、高校和公司。

如果团队成员的职业背景很符合本创业项目的需要，那么不妨将之提到最前面，因为丰富的管理经验会给尚处于筹备阶段的初创项目带来决定性的作用。当然，现在的投资界很关注具有年龄优势的创业者。

图6-4为商业计划书PPT第5页。

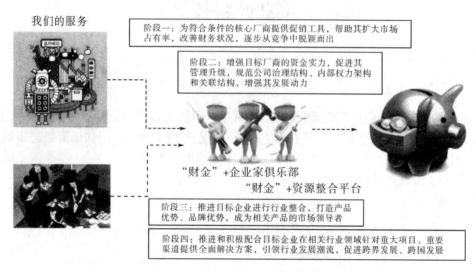

图6-4　商业计划书PPT第5页

【点评】这页PPT描述了本项目的具体做法。该项目的定位是做连接设备制造商、需要设备的中小企业和金融机构之间的中介平台机构，它们希望用企业家俱乐部和资源整合平台两种方式来形成平台效应。同时，该商业计划书也规划了实现平台效应的四个阶段。

不论这个方案是否可行，但是它的描述方式是值得借鉴的。我们应该尽可能在1页PPT内讲清楚，我们是做什么的。

图6-5为商业计划书PPT第6页。

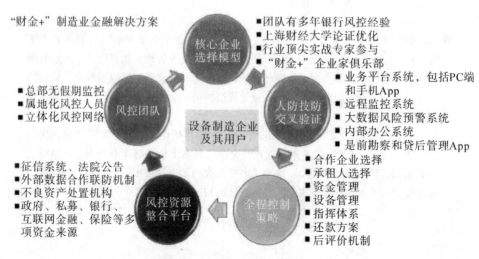

图6-5　商业计划书PPT第6页

【点评】 这一页 PPT 是整个 PPT 的核心，也是对第 5 页 PPT 进行的细化。这一页 PPT 从 5 个方面对题目"制造业金融"进行诠释，又将 5 个方面进行分解，强调它们分别具有的优势。

图 6-6 为商业计划书 PPT 第 7~8 页。

行业分析

1. 行业空间巨大
2. 企业数量众多

行业	企业单位 /个	从业人员 /万人	资产总计 /亿元	实收资本 /亿元	主营业务收入 /亿元	主营业务税金及附加 /万人
通用设备制造业	216 621	789.4	47 336.2	11 315.79	51 597.56	422.76
专用设备制造业	143 241	580.2	43 047.8	10 579.9	38 208.35	297.72
汽车制造业	54 079	529.2	51 988.4	9 549.49	62 948.65	1 429.11
铁路、船舶、航空航天和其他运输设备制造业	26 055	236.6	22 307	4 233	17 575.25	108.31
电气机械和器材制造业	138 012	844.2	57 201	13 499.2	66 962.47	374.31
计算机、通信和其他电子设备制造业	73 461	1 028.3	57 324	13 761.71	81 789.96	278.08
仪器仪表制造业	29 781	157.7	8 081.4	2 002.67	8 650.01	63.77
合计	681 250	4 165.6	287 285.8	64 941.76	327 732.25	2 974.06

资料来源：第三次全国经济普查数据（2013 年）。

行业分析

行业代码	行业类型	客户 /户	授信额度 /万元	贷款余额 /万元
K7010	房地产开发经营	15 596	1 016 581 037	372 433 245
L7212	投资与资产管理	10 573	902 555 051	273 130 660
N7810	市政设施管理	9 060	854 936 258	379 193 923
G5442	公路管理与养护	1 407	608 494 301	315 ...
G5310	铁路旅客运输	274	461 788 ...	... 599
D4411	火力发电	1 369	412 447 253	116 883 684
G5412	城市轨道交通	212	341 234 697	84 278 163
J6620	货币银行服务	180	300 529 428	217 913
B0610	烟煤和无烟煤开采	2 007	264 304 103	109 854 545
E4700	房屋建筑业	11 145	232 890 763	67 561 747
B0710	石油开采	227	226 359 536	14 705 869
F5164	金属及金属矿批发	12 036	212 094 092	68 993 278
D4412	水力发电	1 836	208 725 170	81 630 846
L7299	其他未列明商务服务业	8 377	203 379 080	94 622 591
K7090	其他房地产业	1 575	176 841 970	67 755 174
F5199	其他未列明批发业	23 511	170 855 129	51 858 050
G3120	炼钢	417	151 933 928	52 453 884
F5111	谷物、豆及薯类批发	4 530	142 794 767	94 064 919

国内汽车行业35%

国内设备制造行业金融渗透率9.43%

美英等发达国家的融资渗透率保持在50%以上，而中国尚未达到5%，与成熟的租赁市场相比还有很大的提升空间和市场潜力（2015年数据）

行业代码	行业类型	客户 /户	授信额度 /万元	贷款余额 /万元
D4420	电力供应	1 049	136 220 477	35 774 909
C3610	汽车整车制造	821	134 529 533	17 968 926
C2511	原油加工及石油制品制造	1 093	133 372 447	30 140 709
F5261	...	18 531	128 635 946	20 501 800
...	其他 ...	1 195	115 225 669	23 858 608
L7119	其他机械与设备租赁	1 524	113 765 002	58 604 075
F5165	建材批发	22 604	111 569 878	47 767 073
E4811	铁路工程建筑	863	109 030 219	14 254 433
D4413	核力发电	41	105 024 088	38 513 848
E4812	公路工程建筑	1 775	103 624 608	20 437 825
F5162	石油及制品批发	4 211	101 805 380	30 151 999
F5181	贸易代理	6 829	98 570 126	25 002 690
D441	风力发电	1 393	96 144 082	42056 388
E4819	其他道路、隧道和桥梁工程	1 474	95 646 350	13 563 272
E4890	其他土木工程建筑	3 670	93 958 477	18 339 187
S9121	综合事务管理机构	401	92 701 630	20 232 381
J6990	其他未列明金融业	433	85 660 982	6 830 725
G5320	铁路货物运输	349	83 696 970	38 354 883
C3660	汽车零部件及配件	10 556	78 931 750	26 533 140

资料来源：银监会 2016 年 10 月份数据，授信额度较高的行业 / 子行业。

图 6-6　商业计划书 PPT 第 7~8 页

【点评】 这两页 PPT 是对行业的分析，该商业计划书重点从金融渗透率来进行分析。由此得出的结论是固定资产设备的金融渗透率很低，未来有很大的成长空间。行业分析是一项非常重要的能力，如果创业者对自己所处的行业认识不足，就不能迅速找出行业的痛点。

图 6-7 为商业计划书 PPT 第 9 页。

三方之困

地方政府：金融如何支持实体经济

说好的翅膀呢？

设备制造商：无法扩大销售　　　风险与收益补匹配　　　设备购买方：无法获得贷款支持

图 6-7　商业计划书 PPT 第 9 页

【点评】这一页 PPT 是在行业分析的基础上对行业的痛点进行归纳。同时这一页 PPT 对应第 2 页的"金融助力 2025 中国制造"的时代背景。

我们在描述行业的痛点时，必须要注意它应该是"痛+点"。这就是说，对项目所服务的客户来说，这个问题不解决会很难受、很痛，但是创业者不能泛而谈之，而需要讲解该问题的细节之处。

表 6-2 为竞品分析。

表 6-2　竞品分析

序号	公司名称	成立时间	创始人	目前阶段	融资金额	盈利模式
1	浙江人众金融服务股份有限公司	2013 年 3 月	李敏	A 轮	5 000 万元	融资租赁行业债权交易的互联网金融平台，为出租方、承租方和投资者搭建了直接的融资桥梁，能够优化租赁市场投资结构，拉动企业设备投资，带动产业升级
2	宝象金融	2015 年 3 月	侯彦卫	战略投资	亿元及以上	为借款人提供便捷高效的融资渠道，为投资人提供安全可靠的投资理财资产的综合性金融服务平台
3	鹏金所	2014 年 5 月	邱醒亚	战略投资	3 亿元	专注于提供基于国有担保的小微企业贷款和基于大中型企业的供应链金融
4	物银通/银沛数据	2015 年 4 月	刘泽丰	A+轮	数千万元	服务于中小企业的供应链数字金融服务平台，从中小企业 ERP 及其供应链生产环节出发，对企业运营进行实时和历史分析，从而获得企业数据增信模型，进而使企业在线获取银行贷款的审批和发放效率更高

【点评】这一页PPT的竞品分析只是简单的罗列，没有深入展开分析。创业者在这张表格背后，应该储备一些知识，以应对投资人的质问。

图6-8为商业计划书PPT第11~14页。

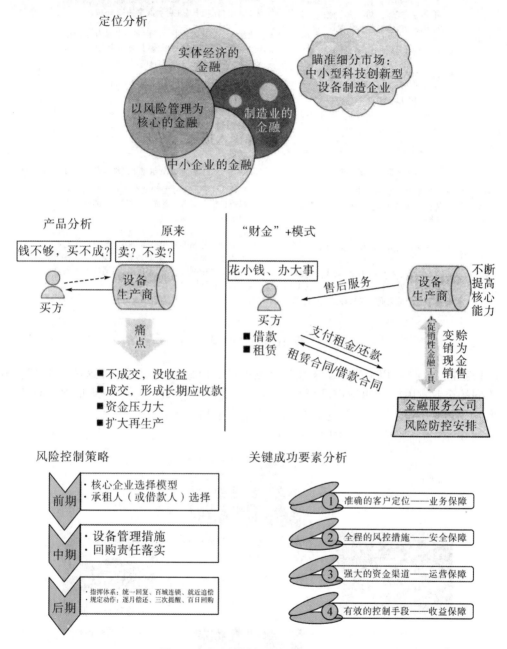

图6-8　商业计划书PPT第11~14页

【点评】这几页PPT增加了对本项目产品的深入描述，如果创业者能用一两页描述清楚本项目，就不用再次赘述。

图6-9为商业计划书PPT第15~16页。

DEMO案例1

CR机械科技有限公司

■ 主要生产纺织机械，其"ET280半自动抽气式转杯纺纱机"被评为上海市高新技术成果转化项目A级。

■ 拥有七项专利技术的科技成果。

■ 该设备部分代替环纺设备生产，可大大节约用电及用工，更适合40英支纱线市场的需求。

CASE1   中小型企业需要金融服务的支持

■ 公司存货周转天数为289天、应收账款周转天数为142天，三年平均主营利润率为32.56%。

■ 在销售上，以直销为主，销售客户主要为纺织企业，如嘉祥县××棉业有限公司、驻马店市××纺织品有限公司、四川××纺织有限公司等。

■ 已成功发放贷款32户，累计放款金额3 737.60万元，发生过2笔临时性逾期（4天和7天）。

DEMO案例2

×× 机械有限公司

■ 主营生产冷室压铸机，冷室镁合金压铸机，代销热室压铸机，热室镁合金压铸机。

■ 在中国市场份额占有70%以上。

■ 公司存货周转速度为163.88天，应收账款周转天数为145.43天，两项周转天数都较长，毛利润率保持在25%左右。

CASE2   优势企业也需要金融服务的支持

■ 申请人生产的小设备均价在30万元左右，大设备价格上百万，甚至上千万，少部分客户有赊款。

■ 针对部分赊销客户和小部分边缘客户，共发展中小企业融资客户15户19笔，共计2 116.48万元，其中4笔出现逾期记录，3笔被列入关注类，1笔已代偿。

图 6-9   商业计划书 PPT 第 15~16 页

【点评】这两页 PPT 提供了本项目规划的产品所做的实际案例。这两页 PPT 选用了不同的企业，用以说明该产品可以针对不同的服务对象。这一点是非常有必要的，用实际成功案例做佐证，这对创业项目来说是一个加分项。

图 6-10 为商业计划书 PPT 第 17 页。

商业模式

管理地方政府产业引导
基金收入
（管理费+提成）

管理私募基金的业务收入
（管理费+提成）

风控系统平台收入
（线上线下风险代理、销售
策划、定制化生产、特定
问题解决方案等服务费）

租售通金融促销工具收入
（销售返点、利差）

图 6-10   商业计划书 PPT 第 17 页

【点评】这一页 PPT 提供的是商业模式的分类。由于商业模式涉及核心机密，所以这一页 PPT 只是做了归纳，并没有详细展开说明。

图 6-11 为商业计划书 PPT 第 18~19 页。

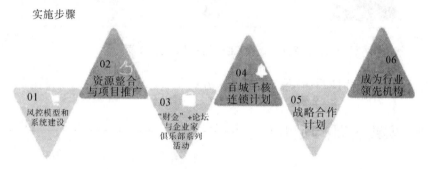

图 6-11　商业计划书 PPT 第 18~19 页

【点评】这两页 PPT 是项目的目标和规划，也是最需要打动投资人的地方。创业者需要将项目的成长性、发展前景归纳在其中。

图 6-12 为商业计划书 PPT 第 20 页。

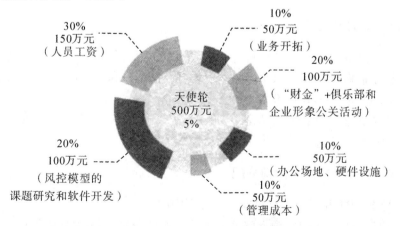

图 6-12　商业计划书 PPT 第 20 页

【点评】这一页 PPT 包括了项目的融资需求和使用情况。

图 6-13 为商业计划书 PPT 第 21 页。

图 6-13　商业计划书 PPT 第 21 页

【点评】最后，别忘了留下自己的联系方式。

6.2　实践实训：项目路演

6.2.1　实训项目内容

本实训的内容是项目路演，即展示项目的创业计划。

6.2.2　实训的目的与要求

通过项目路演，学生应该不断地提高创业演讲的能力、逻辑思维能力。

6.2.3　实训的组织

（1）学生准备：梳理创业项目产品的"痛点"、市场机会、团队优势等。班长在上课前通知同学们做好 PPT 及展示准备，安排好路演顺序和路演过程并做好记录。

（2）场地准备：多媒体教室。

（3）道具准备：准备 PPT 背景，项目路演的配图设计元素可包括人头攒动的创业者、亮丽的舞台、灯光、话筒、围观的人群等。

6.2.4　实训步骤及其时间分配

（1）路演 PPT 和视频等材料准备（课下完成）。

（2）项目路演。每组的项目路演时间控制在 8 分钟。教师需要掌握流程，控制每个步骤的节奏，注意前后演讲者的顺序与衔接。

（3）提问环节。其他小组可以针对项目路演进行提问，比如，你的创业项目能够解决什么"痛点"？为什么你觉得现在是创业合适的时机？你有哪些优势或者有哪些顾虑吗？教师需要注意引导学生多向发言人提问，引导他们进行深入思考。教师需要注意对每组的项目路演时间进行有效把控。

提问：

_____

_____

_____

_____

（4）学生代表和创业导师评审。各小组的项目路演时间不能超过 8 分钟，演讲内容要完整、有逻辑、有数据支撑。学生代表和创业导师应该根据实际情况进行评分。

学生代表和创业导师可根据表 6-3，对各项目进行评分和评价。

表 6-3　项目路演评分表

评审要点		评审内容	分值
项目情况	创新性	①突出原始创意的价值，不鼓励模仿。强调利用互联网技术、方法和思维在销售、研发、生产、物流、信息、人力、管理等方面寻求突破和创新； ②鼓励项目与高校科技成果转移、转化相结合	30
	团队情况	①考察管理团队各成员的教育和工作背景、价值观念、擅长领域，成员的分工和业务互补情况； ②公司的组织构架、人员配置是否科学； ③创业顾问、主要投资人和持股情况； ④战略合作企业及其与本项目的关系，团队是否具有实现这种突破的具体方案和可能的资源基础	20
	商业性	①在商业模式方面，强调设计的完整性与可行性，完整地描述商业模式，测评其盈利能力推导过程的合理性； ②在机会识别与利用、竞争与合作、技术基础产品或服务设计、资金及人员需求现行法律法规限制等方面具有可行性； ③在调查研究方面，考察行业调查研究程度，项目市场、技术等调查工作是否形成手资料，不鼓励文献调查，强调田野调查和实际操作检验	20
	带动就业前景	综合考察项目发展战略和规模扩张策略的合理性和可行性，预判项目可能带动社会就业的能力	5
现场情况	演讲	思路清晰，能清楚介绍整个项目情况	5
	答题	准确理解问题，回答问题的思路清晰，逻辑严密，语言简洁流畅	10
	团队	团队精神面貌好，仪表整洁大方，表现得体	5
	PPT 制作	PPT 结构清晰，内容完整，重点突出，形式美观	5

6.2.5　教师总结与评价

教师可以从学生创业项目和现场情况等方面进行评分。同时，教师应该注意学生回答问题的逻辑思维是否正确，并给出相应的指导与修改方案。

[知识拓展]　　　　　演讲者如何在舞台上建立自信

对于演讲者来说，紧张是最大的障碍。紧张是一种十分正常的生理现象，演讲当中的紧张属于精神紧张，是每一位演说者必须克服的心理障碍。因此，初学演讲的人一定要学会消除紧张，建立自信。一旦你突破了自我的约束，就会像面对朋友一样，自然大方地走向讲台与观众倾心交谈。在演讲时，建立舞台自信的技巧主要有以下四个方面。

第一，自我鼓励法。首先要在精神上鼓舞自己，进行一些语言反复的自我暗示。例如，"我能行""我可以讲得很好"等。在演讲之前，不应过多地去考虑演讲失败后的后果。小理学实验表明，经由自我鼓励暗示产生的学习与工作动机，对促进学习与工作取得良好成绩具有有力的推动作用。

第二，要点记忆法。演讲前，尽量不要机械地去背诵演讲稿。机械式的记忆极易因怯场、听众情绪波动、设备故障等突发事件而发生链条的断裂，导致演讲者处于记忆空白状态或者思维短路，以致演讲无法进行下去。因此，在演讲过程当中一定要记关键词，熟记演讲的框架、重点，而不是去背诵演讲稿。

第三，试讲练习法。试讲练习法可以纠正语音、矫正口型，锻炼遣词造句的能力，而且可以训练你的形体动作。演讲者可以找一个非常安静的地方，独自去练习；或者邀请一些朋友、同事充当你的听众，一来可以增强现场的氛围，二来可以接受一些好的意见和建议。

第四，目光回避法。初学演讲的人往往会害怕与听众进行眼神的交流而做出一些侧身、仰望、低头等影响演讲效果的不正当的姿势。在演讲时，演讲者通常需要正视听众，这既是出于一种礼貌，又是演讲者与听众全方位交流的需要。此时，演讲者不妨采用虚视的方式处理听众目光，将视线转移到演讲场后的后几排。

资料来源：戚健，张雅伦，张丽丽. 大学生创新创业实训［M］. 北京：北京理工大学出版社，2018：195–196.

6.3　情景实训：5 分钟演讲

6.3.1　实训项目内容

假设你要带着你的创业项目去面见投资人。而投资人很忙，只能给你 5 分钟时间陈述你的创业项目，你会如何设计这 5 分钟的陈述？你准备用什么样的策略去打动投资人，获得融资机会？

6.3.2　实训的目的与要求

本实训的目的是培养学生的演讲能力和沟通能力。学生应该了解沟通能力在事业发展中的重要作用，应该掌握口头沟通技巧及沟通过程中需要注意的问题。

6.3.3　实训的组织

（1）学生准备：制作 PPT 和视频资料。班长在上课前通知同学们做好 PPT 及展示准备。

（2）场地准备：多媒体教室。

（3）道具准备：大开本白纸及奖品等。

6.3.4 实训步骤及其时间分配

（1）学生准备（课前准备）。

学生应该提前分析投资人的兴趣点；搜集不同类型的材料并归纳整理；凝练项目的创新点、痛点；制作辅助材料，如 PPT 和视频等，通过图片、图表等简单清晰地突出项目的亮点；准备好服饰，以给投资者留下良好的印象。

（2）现场组织。

每位候选人有 5 分钟时间进行现场演讲。

（3）评估与反馈。

6.3.5 教师总结与评价

教师可以结合演讲和沟通技巧、创业项目计划书等对学生情景模拟过程进行点评，指出各参与者的优点和不足及改进措施。

6.4 案例实训：携程旅游网

6.4.1 实训项目内容

案例材料：携程旅游网①

携程旅游网（以下简称携程）创立于 1999 年，总部设在中国上海，目前已在北京、广州、深圳、成都、杭州、厦门、青岛、南京、武汉、沈阳 10 个城市设立分公司，员工有 7 000 余人。作为综合性在线旅行服务公司，携程为超过 2 000 万注册会员提供包括酒店预订、机票预订、度假预订、商旅管理、特约商户及旅游资讯在内的全方位旅行服务。从创立到 2003 年年底海外上市，携程利用国际风险投资资本和国际风险投资工具，借助股权私募基金的力量实现了公司的跳跃式发展。

第一步：创建携程，吸引 IDG 第一笔投资 50 万美元。

1999 年 4 月，创始人梁建章、沈南鹏、范敏、季琦四人成立携程香港公司，注册资本约为 200 万元，公司的股权结构完全以出资的比例而定，沈南鹏是最大股东。携程在国内的业务实体——携程计算机技术（上海）有限公司早在 1994 年就已成立，携程香港公司成立后，以股权转让形式 100% 控股携程计算机技术（上海）有限公司。1999 年 10 月，在携程网站还没有正式推出的情况下，最早进入中国市场的美国风险投资公司之一——IDG 技术创业投资基金（以下简称"IDG"）凭借携程一份仅 10 页的商业计划书向其投资了 50 万美元作为种子基金。作为对价，IDG 获得了携程 20% 多的股份。在携程随后进行的每轮融资中，IDG 都会继续跟进。

第二步：吸引软银等风险投资 450 万美元，携程的集团架构完成。

---

① 李成钢. 大学生创新创业经营模拟实践教程［M］. 北京：中国纺织出版社，2018：173-175.

2000 年 3 月，携程国际在开曼群岛成立。由软银中国创业投资有限公司（以下简称"软银"）牵头，IDG、兰馨亚洲投资集团（以下简称"兰馨亚洲"）、Ecity Investment Limited（以下简称"Ecity"）、上海实业创业投资公司（以下简称"上海实业"）5 家投资机构与携程签署了股份认购协议。携程以每股 1.041 7 美元的价格，发售 432 万股"A 类可转可赎回优先股"（有投票权，IPO 时自动转为普通股）。其中，除 IDG 追加投资认购了 48 万股以外，软银认购 144 万股；兰馨亚洲认购 92.16 万股；Ecity 认购 96 万股；上海实业和一些个人股东认购 48 万股。本次融资共募得约 450 万美元。随后，携程国际通过换股的方式 100%控股携程香港公司。这样，携程的集团架构完成，为携程以红筹模式登陆场外证券市场奠定了基础。

第三步：吸引美国凯雷集团等机构的第三笔投资。

2000 年 11 月，凯雷等风险投资机构与携程签署了股份认购协议，以每股 1.566 7 美元的价格，认购了携程约 719 万股"B 类可转可赎回优先股"。其中凯雷亚洲创业投资基金（以下简称"凯雷"）认购了约 510 万股，投资额约达 800 万美元，取得约 25%的股权；而软银、IDG 和上海实业则分别增持约 64 万股、41 万股和 83 万股；兰馨亚洲增持了约 18 万股。至此，携程完成了第三次融资，获得了超过 1 000 万美元的投资。

第四步：吸引老虎基金 PRE-IPO 投资 1 000 万美元。

2003 年 9 月，携程的经营规模和盈利水平已经达到上市水平，此时取得了上市前最后一轮 1 000 万美元的投资，携程以每股 45 856 美元的价格向老虎基金发售 218 万股"C 类可转可赎回优先股"。这笔投资全部用于原有股东包括凯雷、IDG、上海实业及沈南鹏、季琦等创始人等的套现退出。携程以每股 4.528 3 美元的价格赎回普通股和"A 类可转可赎回股票"共约 122 万股，以每股 6.792 4 美元价格赎回约 64 万股"B 类可转可赎回股票"。对于准备在美国上市的携程来说，能在上市之前获得重量级的美国风险投资机构或者战略投资者的投资，对于提升公司在国际投资者的认可度方面有着非常大的帮助。

第五步：登陆纳斯达克市场，私募完成增值。

2003 年 12 月 9 日晚 11 时 45 分（美国东部纽约时间 12 月 9 日上午 10 时 45 分），携程国际（股票代码：CTRP）以美国存托股份（ADS）形式在美国纳斯达克股票交易所正式挂牌交易。本次携程共发行 420 万股 ADS，发行价为每股 18 美元，其中 270 万股为新发股份，募集资金归携程；150 万股为原股东减持套现，募集资金归原股东。扣除承销等各项费用，携程得款 4 520 万美元，占 IPO 总额的 60%；原股东得款 2 511 万美元。

首次公开募股（IPO）后，携程总股本为 3 040 万股，市值约 55 亿美元。上市当天携程以 24.01 美元开盘，最高价为 37.35 美元，最终以 33.94 美元的价格结束全天的交易，收盘价相对发行价上涨 88.56%，一举成为美国资本市场 2000 年 10 月以来首日表现最好的 IPO。

6.4.2　实训的目的与要求

通过案例分析，学生应该了解创业计划书应具备的要素，掌握创业计划书各部分的撰写技巧。

6.4.3 实训的组织

（1）材料准备：将案例材料发给学生，引导学生讨论思考。
案例材料的问题包括以下几个：
①试分析携程的创业团队。
②试分析携程的商业模式。
③携程是如何用风险投资迅速扩张的？
④试分析携程的市场营销方式。
⑤携程是如何实现融资的？
⑥从携程的发展史中，试分析其营销和融资之间的关系。
⑦携程的经营存在哪些风险？如何规避这些风险？
⑧携程经营案例给你带来的启示。
（2）场地准备：多媒体教室。
（3）学生准备：班长在上课前通知同学们做好 PPT 及展示准备，安排展示顺序和展示过程并做好记录。

6.4.4 实训步骤及其时间分配

（1）阅读案例材料。此步骤在课下完成。
（2）小组分工讨论。此步骤在课下完成。
（3）分组展示。各小组展示案例讨论结果，每组的展示时间控制在 6 分钟。
（4）小组互评。各小组对其他小组的展示成果进行评价打分，并说明打分理由。

6.4.5 教师总结与评价

教师对课堂展示进行点评，以最佳作品展示为样本，分析课堂展示存在的不足，并提出改进建议。

[资料小链接]　　　　　　　　谋定而后动

最重要的还是做好我们自己的事情，谋定而后动，厚积而薄发。
　　　　——习近平总书记在南昌主持召开推动中部地区崛起工作座谈会上的讲话
　　这是人类历史上最牛的创业团队，1921 年公司注册成立，注册资金接近于零。靠讲共产主义故事和马克思、恩格斯、列宁的商业计划书，成功拿到苏联的天使轮和 A 轮投资，历经数次破产危机，终于在遵义选出了天才 CEO，其后历经千辛万苦，终于打败国外跨国公司和国内强有力的竞争对手，于 1949 年 10 月 1 日在北京宣布主板上市。1971 年 10 月 25 日重返纽约证券交易所，股票代码 PRC。经历届董事会经营，虽历经磨难，几番改革重组，目前市值仍突破 10 万亿美金，居全球第二。2019 年，公司召开了第 19 次董事会，进一步描绘了未来的战略愿景。
　　其实，早在 1948 年年初，毛泽东在西柏坡给正在湖南大学法学院任教的李达去信，因为要穿过国统区，毛泽东就用了类似语言说："吾兄乃本公司发起人之一，现公司生意兴隆，盼兄速来参与经营。"李达接信，自然明白毛泽东的意思，兴奋不已。
　　在中国共产党成业之前，自 1840 年以来，中国人就已经开始探寻救国救民之路。

从曾国藩、左宗棠、李鸿章开启与推动的以改变"器物之不足"的洋务运动，开始了中国工业化、现代化的进程，但1894年的甲午之殇，宣告了洋务运动的失败；其后，又有以康有为、梁启超为代表的维新派人士以改变"制度之不良"为出发点，通过光绪帝进行倡导学习西方，提倡科学文化，改革政治、教育制度，发展农、工、商业等的资产阶级改良运动。但仅仅103天，以谭嗣同等戊戌六君子喋血菜市口为标志，宣告此路不通；又有以孙中山为首的革命党人以革新"制度之腐朽"为目的，发动了一系列起义，终于在1911年10月10日的辛亥革命中取得成功，但胜利果实被袁世凯窃得，孙中山当了不到3个月的临时大总统，从此，中国进入了混乱的军阀混战时代；1919年以改变"文化之落后"的"五四运动"爆发，为中国带来了西方的"德先生"和"赛先生"，也为中国带来了社会主义、共产主义的思想。1921年，中国共产党应运而生。

在中共一大上，对中国共产党创建最大的功臣，所谓的"南陈北李"并没有前来参加。原来，陈独秀当时在广州担任临时政府的教育厅长，因为要筹集教育经费而无暇参会；李大钊当时在北京负责向北洋政府要拖欠教师的工资而不能如会。当时全国有200多个政党，谁也不知道仅有52名党员的中国共产党能成什么大事，连当时苏联的斯大林也不认为中国共产党能闯出一番大事业。

但就是这个不被人看好的组织，从1921年的52个人发展到1949年的400多万人；1927年10月只有800人的部队，仅仅过了20年，就发展为百万雄师过大江；这不能不说是人类历史的传奇！

资料来源：沈冬. 跟着共产党学管理之二：史上最牛创业团队 [R/OL]. (2019-04-09) [2021-04-02]. www.beijingcheng.com/honor_detail/id/147.html.

教学建议：教师在教学中要结合本章训练内容引导学生思考创业之前如何观势谋局，团队成员如何携手，谋定而动，启动创业项目。

第 7 章

创业融资

本章课程学习目标

- 创业者为什么难以筹集资金？
- 创业者可以从哪里获得资金？
- 了解创业融资的内涵。
- 了解创业融资的来源和渠道，学会分析不同融资渠道的优势和劣势。
- 掌握影响创业资源获取的因素。
- 掌握创业资源获取的技能，学会利用各种融资渠道为企业筹集资金。

7.1 案例实训：融资渠道的比较

7.1.1 实训项目内容

背景材料：国内有六种常见融资渠道

（1）银行。

资金放入银行：2013 年下半年，银行理财产品的年化收益率约为 5.1%（包含余额宝、微信理财通等"团购"大额协议存款的互联网理财工具）。这类银行理财产品对投资人没有金额门槛限制。

资金贷出银行：贷款年利率为 7%~10%，再加上隐性成本，如以贷转存、第三方中介费等，贷款的总成本为 8%~12%。

案例：余额宝打包 2 500 亿元零碎活期存款，"团购"银行大额协议存款，平均年化收益率超过 4.9%。

（2）信托公司。

资金放入信托公司：信托资金来源包括个人投资者和机构投资者。其中，个人投资者资金一般通过第三方理财和私人银行募集；单笔投资一般在 300 万元左右，平均收益约为 8.8%。第三方机构募集的费用约为 2%，资金募集的总成本约为 11%。

资金贷出信托公司：包含各项费用，总融资成本的一般年利率为 13%~20%。平均单笔贷款融资 1.9 亿元。

案例：30 亿元头号信托重中诚信托"诚至金开 1 号"，通过相关隐性担保的方式，投资人以平均年收益率 7% 退出，人均投资 428 万元，比原定 10% 年收益率低了 3 个点。

（3）基金子公司。

资金投入：基金子公司资金主要来源为个人投资者，一般通过第三方理财机构募集；单笔投资一般在 100 万元左右，平均年收益率约为 10%。第三方理财机构募集的费用约为 3%，募资总成本约为 13%。

资金贷出：融资方通过基金子公司融资，总成本年利率为 15%~24%，单笔融资额一般在 3 000 万~2 亿元。

案例：2015 年 7 月，天弘创新对维和药业完成了 3 000 万元的单笔投资。投资 4 个月后，维和药业于 2015 年 11 月 11 日挂牌新三板（证券代码：833624），成为基金子公司股权投资项目登陆新三板的第一单。

（4）股市委托贷款。

资金投入股市：2013 年 A 股年平均投资收益率为 8%，约两成的股民达到 8% 的收益水平，三成的股民保本，五成的股民出现亏损。

资金贷出股市：很多上市公司通过银行向其他企业发放委托贷款，合同利率加上各类中间费用，单笔贷款融资金额为 5 000 万~5 亿元。

案例：2013 年 12 月，熊猫烟花集团股份有限公司委托九江银行广州分行，向创视界（广州）媒体发展有限公司发放委托贷款 1.3 亿元，委托贷款的期限为一年，年利率为 12%，按季付息。

（5）私募基金。

资金投入私募：债权类私募基金的年平均收益率约为 12%，股权类私募基金的年平均收益率约为 15%。私募基金的投资门槛较高，一般为 1 000 万元以上且风险较大，投资人与融资方共同或部分承担风险。

资金贷出私募：私募基金的融资总成本的年利率约为 24%。单笔融资金额一般在 5 000 万~50 亿元。

案例：2011 年，星浩资本 I 期（股权类基金）募集资金规模达 37 亿元，单个投资人资金最少 3 000 万元。在最理想的情况下，该项目的年收益率有可能接近 35%。2014 年星浩资本宣布，预期年收益率可能回归市场行情，约为 16%。

（6）P2P 借贷。

资金投入：P2P 借贷因金额大小、运营模式、担保方式等因素而差异较大，但大多从民间募集，资金成本约为 8%~15%。

资金贷出：P2P 借贷的资金贷出分为投资项目和借钱给个人。如果该机构没有小额贷款资质，则有违规贷款的风险。如果该机构将资金贷给个人，则不得不面对资金额小，需要大量业务来促规模的情况。

案例：2013 年大量 P2P 公司倒闭，但是大浪淘沙后留下的取得了优秀的成绩的公司，如宜信、人人贷、具有银行血统的"陆金所"、有大型民企撑腰的"惠人贷"，均在风险较好控制的基础上提供了超过10%的投资收益。

资料来源：陈博，宋连亮. 大学生创业训练营［M］. 北京：清华大学出版社，2018：42-43.

请阅读背景材料，分析比较各种创业资金获取的优点和缺点；结合你想要的创业项目，分析企业在各个发展阶段创业资金整合的思路。

7.1.2 实训的目的与要求

通过案例分析，学生需要加深对创业融资的认识，了解一个成功的创业团队是如何选择良好的融资渠道，以及如何获得一笔外部投资的。

7.1.3 实训的组织

（1）材料准备：将案例材料发给学生，引导学生讨论思考，并制作相应PPT。

（2）场地准备：多媒体教室。

（3）学生准备：做好展示准备，提前安排好展示顺序和展示过程，并做好记录。

7.1.4 实训步骤及其时间分配

（1）阅读案例材料。此步骤需要在课下完成。

（2）分组讨论。各小组需要提炼问题，提出建议，制作PPT。此步骤需要在课下完成。

（3）分组展示。各小组展示案例讨论结果，每组展示的时间控制在10分钟。

（4）小组互评。各小组对其他小组的展示成果进行评价打分，并说明打分理由。

7.1.5 教师总结与评价

教师对课堂展示进行点评，以最佳作品展示为样本，进一步加深学生对企业融资的理解和应用并提出改进建议。表7-1为教师评分标准。

表7-1　教师评分标准

序号	评分标准	总分值	小组得分
1	积极参与讨论程度	25	
2	分析全面	25	
3	实施的可行度	25	
4	PPT制作精美程度	25	

［知识拓展］　　　　　　　创业融资需求阶段性

创业融资具有鲜明的阶段性特点。了解不同阶段的特点，做到融资阶段、融资数量与融资渠道的合理匹配，才能有的放矢，化解融资难题。

虽然创业在字面上被理解为创办新企业，但创业过程并不是在注册完一个新企业后就结束了。企业注册只是完成了法律形式上的创业，只有在发现机会并创造价值后，创业过程才算结束。创业者不能把创业融资仅仅理解为筹集创业的启动资金。创业融资不是一次性融资，而是包括了整个创业过程的融资活动。创业者需要了解不同阶段的融资需求。

种子期的融资需求特征。在种子期，创业企业尚处于孕育阶段，需要投入资金进行开发研究，以验证商业创意的可行性。此时，对资金的需求主要体现在企业的开办费用、可行性调研费用、部分技术研发费用等。总体而言，创业企业在种子期的资金需求较少，同时，创业企业没有任何收入记录，资金来源有限，却还面临着技术、市场、财务以及创业团队不稳定等风险。因此，以盈利为目的的外部资本一般不会介入，只能依靠自我融资或亲戚朋友的支持。

创业期的融资需求特征。企业在创业期的资金量需求逐步增大，主要用于购置生产设备、产品开发及产品营销费用等。由于处于市场拓展阶段，创业企业的市场占有率低，企业资产规模小，无盈利记录，缺少抵押、担保能力，企业仍面临较大的风险。传统的投资机构和金融机构很难提供足够的资金支持。此时，创业者应该根据企业的实际情况调整商业计划书，完善对应的企业战略规划，调整企业组织机构，完善企业营销策略，规划未来销售收入和现金流量。

成长期的融资需求特征。在成长期初期，创业企业的收入仍然少于开支，企业现金流为负，现金需求量增大。此时，创业企业的市场风险和管理风险尚未解除，未能形成足够的抵押资产以及建立较好的市场信誉。在成长期中期，企业的销售量迅速扩大，收入大幅增加，收支趋向平衡，并出现正的现金流，但资金需求量急剧增加，需要大量资本投入生产营运。在成长期后期，实现规模效益的欲求使创业企业迫切需要吸纳外部资本。在此阶段，创业企业对资金的需求主要表现在企业的规模营运资金，如扩大固定资产投资、扩大流动资金、增加营销的投放量等。此时，创业企业表现出高度的成长性，形成较好的市场声誉，具有一定的资产规模，现金流较为充裕，但为了提高市场占有率，扩大企业规模，仍然需要大量资金。

资料来源：张玉利，杨梭. 创业管理：行动版［M］. 北京：机械工业出版社，2017：30.

7.2 实践实训：盘点创业融资渠道

7.2.1 实训项目内容

以小组为单位了解项目融资的来源和渠道、可能存在的难点等；以课下讨论、课上分享为主要形式。

7.2.2 实训的目的与要求

通过小组讨论，学生需要了解自己所在小组有哪些可用的内部资本，感受创业小组内部成员所拥有的初始资本；了解创业外部融资渠道的类型，选择融资渠道的原则，掌握创业融资渠道的选择策略，熟悉创业融资的流程。

7.2.3 实训的组织

（1）材料准备：提前准备好创业计划书及融资计划。

（2）场地准备：多媒体教室。

（3）学生准备：以小组的创业计划书为蓝本，为创业项目进行内外部融资。各小组的融资金额就是创业计划书规划的启动资金。各小组需要提前准备好 PPT，并抽签决定课堂展示顺序。

7.2.4 实训步骤及其时间分配

（1）3~5 人一组，每组选一个负责人。

根据前期制定的创业方案，各小组需要讨论以下问题：

①创业项目需要多少启动资金？各小组需要测算资本需求量，估算启动资金；测算营业收入、营业成本和利润；编制预计财务报表；结合企业发展规划预测融资需求量。

②创业项目可通过哪些渠道获得这笔资金？小组成员可以分析总结创业者前期个人积累及亲戚、朋友资助的资金；分析外部融资渠道以及可能存在的困难及可能的资源。

③融资方案是否符合企业的发展战略和发展阶段？

④拟订融资计划。各小组需要填写表 7-2，并将融资过程制作成 PPT（课下完成）。

教师需要引导学生关注以下问题：

①不确定性。创业活动本身面临非常大的不确定性。虽然既有企业也面临环境的不确定性，但是创业企业面临的不确定性比既有企业的不确定性高得多。

②信息不对称。一般来讲，资金需求者比投资者对企业的产品、企业的创新能力、市场前景更加了解，处于信息优势地位，而投资者则处于信息劣势地位。

③各种融资渠道的利与弊。

表 7-2 不同融资渠道的比较分析

融资渠道	特 点	优 势	劣 势	可能的资源
自筹资金				
亲朋好友借款				
合作融资				
政策性融资				
银行贷款				
天使投资				
风险投资				
网络借贷平台				
融资租赁				
众筹融资				
……				

（2）课堂交流。团队负责人派代表上台展示。各小组将印象最深的事件、发现、关键词等记录下来（10 分钟）。

（3）课堂学生互评（10 分钟）。

7.2.5 教师总结与评价

教师可以根据积极参与谈论程度、内容详尽、分析是否全面、实施的可行度、PPT制作精美程度等方面进行评分，并对最佳团队进行奖励。教师在点评时应该指出各个团队的优点和不足以及改进措施。

[知识拓展]　　　　　　　　如何估算创业资金需求

小张是一名食品工程专业毕业的大学生，想利用自己的专业知识回家乡创业。经过多方调研，小张决定开办一家"丸子铺"，取名为"没丸没了"。在创业开始前，小张对自己的创业资金需求进行了如下估算。

（1）技术学习费用。技术面授费用为2 000元，学习期间的差旅费为500元，（估计）共计2 500元。

（2）辅助工具购置费用。用来存放丸子（丸子直接从厂家批发）的冰柜为500~1 500元（如果购买二手冰柜只需要300元），液化气设备为200元（灶1个，液化气1罐），煮丸子的锅50元，其他小工具50元，共计800~1 800元。

（3）房租及流动资金。资金根据地段和面积大小而定，如果是在繁华商业街，房租会相对贵一些，大城市需要1 000元，小城市几百元。按月租400~1 000元一次交三个月计算为1 200~3 000元，如果采用流动摊位经营（但要事先考虑城管管制问题）或与别人拼摊经营，资金成本就会大大减少；前期进货的流动资金200元，共计1 400~3 200元。

（4）注册营业执照（个体）及其他相关费用200元。

（5）周转资金。一人月工资500~800元，水电气费150元，共计650~950元。以前期至少三个月不赢利的市场培育估算，备用资金为1 950~2 850元（实际不需要这么多，因为这类小吃生意，一个月怎么都能卖出一些，采取滚雪球的方式，就可以消化掉一部分）。

以上5项合计为6 850~10 550元。如果做保守估算，小张至少也需要6 000~10 000元资金。因此，小张在准备做此项目之前，需要衡量一下自己的资金情况。

创业需要的资金只能根据一些基本部分进行大致的估算，准确的资金需求量是比较难计算的。因为在经营的过程中，小张还会有一些不可预料的情况出现。因此，创业者在运行项目前，在考虑自身经营能力的情况下，也需要考虑创业所需要的资金。只有这样，项目经营成功的机会才会增多。

资料来源：张肃，李燕. 创业管理［M］. 北京：机械工业出版社，2020：108-109.

7.3　实践实训：融资决策及融资路演

7.3.1　实训项目内容

制定融资决策，模拟融资路演。

7.3.2 实训的目的与要求

学生需要了解融资决策的影响因素，选择适合的融资渠道，预测融资成功的概率。

7.3.3 实训的组织

（1）场地准备：多媒体教室。

（2）道具准备：代表投资额度的筹码。

（3）学生准备：准备PPT。创业项目组需要明确路演观众，提前调查清楚投资者及投资者的相关信息，了解投资者关注的重点和可能提出的要求。

7.3.4 实训步骤及其时间分配

（1）讨论各种融资渠道的影响因素，根据影响融资决策的因素，为各融资渠道评分。

评分标准的分值为1~5分。"非常容易"得5分；"比较容易"得4分；"一般"得3分；"比较困难"得2分；"非常困难"得1分。各小组将结果填入表7-3中，并计算各个渠道的总得分；得分越高，表示使用此渠道融资成功的概率越高。

表 7-3　融资成功概率测算表

融资渠道	融资成本	融资风险	融资机动性	融资便利性	总分
自筹资金					
亲朋好友借款					
合作融资					
政策性融资					
银行贷款					
天使投资					
风险投资					
网络借贷平台					
融资租赁					
众筹融资					
……					

（2）模拟融资路演。

路演PPT通过勾画未来的经营路线和设计相应的战略来引导企业经营活动，吸引借款人和投资者。路演PPT应简洁明了，重点强调市场分析、产品或服务、商业模式、财务预测等方面。每组展示的时间控制在10分钟。

（3）小组互评。

7.3.5 教师总结与评价

教师可以从学生汇报的PPT、主题凝练等方面进行评分，并对最佳团队进行奖励。教师可以在点评时指出各个团队的优点和不足并提出改进措施。

[知识拓展]　　　　　　　　天使投资 4.0 时代

清科研究中心发布的报告显示，2015 年第一季度，中国天使投资市场活跃度延续了 2014 年的火爆行情。2015 年第一季度，中外天使投资机构新募集基金 25 只；共发生 349 起投资案例，披露金额的交易共计涉及 2.59 亿美元，投资活跃度比 2014 年同期情况提升近 1 倍；共发生 3 起创业板 IPO。此外，2015 年新三板的火爆为天使投资的退出提供了新的途径。

该报告认为，2015 年国内天使投资将迎来天使投资 4.0 时代，在经过高净值个人主导天使投资的 1.0 时代、专业风险投资机构主导天使投资的 2.0 时代和行业领导企业投资创业公司的 3.0 时代后，国内天使投资 4.0 时代将是全民参与的股权众筹时代，创业者获得天使投资的难度将大幅度降低，潜在天使投资人也将通过股权众筹平台与更多优质项目产生交流。

据清科集团旗下私募通统计，2015 年第一季度天使投资机构募集完成 25 只天使基金，共募得 4.07 亿美元。国内共 349 家新企业获得来自天使投资机构的天使投资，同比上升 93.9%；披露的金额超过 2.59 亿美元，同比增加 214.2%。从平均金额来看，2015 年第一季度的平均投资金额约为 74.09 万美元，相比于 2014 年平均每起投资金额约为 68.67 万美元，增加约 7.9%。投资界人士认为，依托国家政策的大力扶持和创业环境的日趋完善，创业成功率有一定程度的提升。相应地，天使投资者对创业者也更加有信心，不再过度拘泥于投资金额的苛求，而是给了创业者更大的发挥空间和资金支持。同时，在 2014 年天使投资井喷式增长后，越来越多的人开始关注天使投资，刺激潜在投资者将天使投资加入投资组合。

值得关注的是，2015 年第一季度新募天使基金中出现了许多由政府和天使投资机构合资成立的一批具有政府背景的天使基金。

资料来源：马振峰. 创造未来大学生创新创业教程［M］. 上海：同济大学出版社，2017.

7.4　启发式训练：辩论赛

7.4.1　实训项目内容

本实训项目的内容为辩论。辩论主题是：投资人重要还是投资重要。此次辩论赛将学生分为正反两方。学生应该结合所学内容，做好信息搜集等准备工作以应对辩论赛。

7.4.2　实训的目的与要求

通过本次实训，学生应该认识到融资的重要性。

7.4.3　实训的组织

（1）材料准备：辩论现场桌签、展板等。
（2）场地准备：多媒体教室。
（3）学生准备：学生分组。

7.4.4 实训步骤

（1）选出辩论赛的主持人、评判人员、公证人、记分员、计时员。此步骤需要在课下完成。

（2）辩论现场。教师宣布辩论规则，展开辩论。

（3）根据比赛结果得出胜负。活动结束后，教师应该请学生谈一谈他们的思维过程。

7.4.5 教师总结与评价

教师进行点评，指出各个团队的优点和不足，并提出改进措施。

7.5 案例实训：创业融资风险

7.5.1 实训项目内容

背景材料：博客网的融资风险[①]

2002年，方兴东创立博客中国（博客网的前身）。之后3年，该网站的访问量每月约增加30%，全球排名一度飙升到60多位。其间，该网站获得了50万美元的天使投资和1 000万美元的风险投资，并引发了中国Web 2.0的投资高潮。随后，"博客中国"更名为"博客网"，并声称要做博客式门户，成为"全球最大的中文博客网站"。在短短半年的时间里，博客网的员工就从40多人扩张至400多人。

然而不管是方兴东自己，还是熟悉他的人，都认为他是一个学者或文人，而不是熟谙管理和战略的贸易首领，方兴东缺少掌控几百人的团队和千万美元级别资金的才干。据称，博客网将60%~70%的融资资金都用在职工工资上。同时，博客网还在视频、游戏、购物、社交等众多项目上大把烧钱，千万美元很快就被挥霍殆尽。博客网至此拉开了持续3年的猛烈人事动荡，高层团队消失。博客网不只面临资金链断裂、运营难以为继的窘境，同时，其业务也在不断萎缩，用户流失严重。博客网挣扎过多次，但最终宣布解散。

博客作为Web 2.0时期的一个产品，无疑是互联网开展进程中的一个飞跃，引领互联网进入了自媒体时代。因此，博客本身是胜利的，但博客网却让投资者的资金白白蒸发。博客网从引领Web 2.0的先驱成为置之不理的弃儿，无疑是令人心痛的。

阅读上述材料后，请回答以下问题。

（1）博客网投资为什么会失败？

（2）结合第6章携程的创业故事，分析携程是如何用风险投资迅速扩张的？

（3）这个案例给你带来的启示是什么？结合本小组的项目，讨论小组项目融资可能存在的风险及规避方法。

① 戚健，张雅伦，张丽丽. 大学生创新创业实训［M］. 北京：北京理工大学出版社，2018：214-216.

7.5.2 实训的目的与要求

通过本实训，学生应该认识到融资风险的来源及规避方法。

7.5.3 实训的组织

（1）材料准备：案例材料及分析讨论 PPT。
（2）场地准备：多媒体教室。
（3）学生准备：学生分组。

7.5.4 实训步骤及其时间分配

（1）提前将阅读案例材料发给学生。此步骤应该在课下完成。
（2）学生分组讨论博客网融资失败的原因以及启示。各小组需要提炼该问题的原因及启示并提出建议和制作 PPT。在此步骤中，学生需要指出完成融资风险的来源并提出相应的规避方法。此步骤应该在课下完成。
（3）分组展示。各小组展示案例讨论结果，每组展示的时间控制在 10 分钟。
（4）小组互评。各小组对其他小组展示成果进行评价打分，说明打分理由。

7.5.5 教师总结与评价

教师进行点评，指出各个团队的优点和不足并提出改进措施。

[资料小链接] **应对百年未有之大变局下国际经济金融竞争的必然要求**

习近平总书记指出，金融是国家重要的核心竞争力，金融安全是国家安全的重要组成部分，金融制度是经济社会发展中重要的基础性制度。近代以来的经济金融史表明，金融力量在大国崛起过程中发挥了十分重要的作用，经济强国和金融强国始终是相辅相成、相互影响的。

党的十八大以来，我国改革开放和社会主义现代化建设取得了历史性成就，我国国际地位和影响力大幅提升，日益走近世界舞台中央。当今世界正经历百年未有之大变局，国际经济金融格局加速演变，世界经济运行风险和不确定性显著提升，大国竞争更趋激烈，金融力量在大国崛起过程中的战略作用进一步凸显。虽然我国已成为金融大国，但还算不上金融强国，我国金融业的全球竞争力、影响力、话语权与世界第二大经济体的地位并不相称。习近平总书记关于金融地位和作用的重要论述，对于我们沉着应对金融领域的大国博弈，不断推进金融改革开放，增强金融服务实体经济能力，提高经济和金融国际竞争力具有极强的战略指导意义。

金融能够有效提高资源配置效率。现代金融最核心的功能是资源配置功能，即通过融通社会资金，为实体经济在不同主体、不同地区和不同时期之间配置资源。一方面，金融可以促进储蓄向投资转化，解决实体经济资金需求；另一方面，金融具有价值发现功能，能够通过市场化机制引导资金资源流向回报率高、发展潜力大的产业和部门，从而有效提高资金使用效率。金融可以有效管理实体经济风险。从宏观视角看，金融在引导资金资源向回报率高、发展潜力大的产业和部门配置的同时，也将风险配置到有承担意愿且承担能力更强的产业和部门，实现了风险的合理转移。从微观角度看，金融工具、金融合约以及相关的金融机构等可以协助实体经济有效管理风险。例如，保险作为一种保障机制已成为实体经济主动管理风险、规避风险的基本手段。

金融是有效开展宏观调控的重要工具。作为国民经济的血脉，金融体系的触角遍布实体经济的各个部门，是联结各部门、各领域乃至整个国民经济活动的纽带，这种得天独厚的"牵一发而动全身"的特性，使金融成为调控宏观经济活动最重要、最有效的工具之一。货币、信贷、利率等金融手段都是宏观调控的重要工具，与财政、产业等其他调控手段相配合，为有针对性地开展宏观调控提供了多样化的政策组合，能有效帮助实现充分就业、物价稳定、经济增长和国际收支平衡等宏观调控目标。

资料来源：丛书编写组. 促进金融更好服务实体经济［M］. 北京：中国计划出版社，2020.

教学建议：教师在教学中要结合本章所学融资渠道，了解新成立的北京证券交易所，引导学生思考创业过程中获得资金的途径，了解中小企业上市过程。

第 8 章

企业创立

本章课程学习目标

- 掌握企业的类型及其选择。
- 理解企业发起人承担的责任和义务。
- 理解企业创立时股权结构的设计。
- 了解企业创办流程。

8.1 情景实训：企业制度的选择

8.1.1 实训项目内容

刚毕业的张宁和两名私交很好的大学室友共同出资 15 万元，计划在学校附近的一个商圈开一家洗衣缝纫店。请为他们选择一种较为适合的企业制度，并阐述做出这种选择的原因。

8.1.2 实训的目的与要求

本实训以第 3 章实训中学生们已经创建的创业团队为单位，基于企业制度选择的相关知识内容，通过小组讨论，让学生切身体验企业制度选择的过程和需要进行综合考量的因素，使学生了解选择一种适合的企业制度对于初创企业的重要性。

[知识扩展]　　　　　　　　　**企业类型选择**

创业者需要根据自身情况，主营业务、商业模式、资金规模、治理难度、风险与责任承担方式、税费负担等进行综合考量，选择适合的企业类型。创业者可以参考表 8-1 中的相关影响因素。

表 8-1　企业类型选择需要考虑的相关影响因素

影响因素	个人业主制	合伙制	公司制
发起人	1 人	2 人以上	有限责任公司：50 个以下 股份有限公司：2~50 人
设立难易	非常简单	简单	较难
资本规模	较小	中等	一般较大
法人性质	非法人	非法人	法人
责任风险	无限责任	无限连带责任	有限责任
税收	低	较低	较高
两权分离程度	两权统一	两权统一	两权分离
治理难度	较低	较低	较高

8.1.3　实训的组织

（1）材料准备：班长应该提前准备好已经建立的创业团队名单，并要求同学们认真复习企业制度选择的相关知识。

（2）场地准备：多媒体教室。

（3）学生准备：班长应该在上课前通知同学们按照创业团队名单就座，各小组带一台笔记本电脑。

8.1.4　实训步骤

（1）教师阐述实训目的与要求，请各小组进行讨论。

（2）各小组将包括所选的企业制度及其讨论过程、选择原因等在内的讨论结果记录下来并做成 PPT，以备展示。

（3）各小组做好展示准备，将 PPT 拷贝到多媒体教室的电脑上。各小组组长抽签决定展示顺序。

（4）教师安排小组之间相互评价并将评价结果及时反馈给班长。

（5）得知各自得分后，各小组对本次实训表现进行总结。

［注意事项］在整个实训过程中，教师仅在有必要的情况下才介入，例如实训要求阐述偏差、实训流程颠倒、时间掌控失误、发言跑题等情况。

8.1.5　教师总结与评价

教师应该对各小组的选择与知识点的契合情况、与现实的符合情况进行总结和评价，引导学生思考还可能遇到哪些需要进行创业企业制度选择的情况。

8.2　实践实训：创业企业制度选择

8.2.1　实训项目内容

根据各小组在之前的章节实训过程中确定的创业团队、创业资源、商业模式等具体情况，请学生为创业企业选择一种适合的企业制度，并要求阐述做出这种选择的原因。

8.2.2 实训的目的与要求

本实训以第3章实训中学生们已经创建的创业团队为单位，基于企业制度选择的相关知识内容，通过小组讨论，让学生具体指出企业制度选择需要进行哪些综合因素的考量，使学生切身体会初创企业选择企业制度的过程。

8.2.3 实训的组织

（1）材料准备：学生需要在实训前认真学习企业制度选择的相关知识内容，设计创业企业制度选择影响因素表格模板。

（2）场地准备：多媒体教室。

（3）学生准备：班长在上课前通知同学们按照创业团队名单就座，携带之前实训形成的相关资料，打印创业企业制度选择影响因素表格（如表8-2所示）。

表8-2　创业企业制度选择影响因素表格

影响因素	具体情况	对企业制度选择的可能影响
股东人数		
团队关系		
融资情况		
商业模式		
抗风险能力		
……		

8.2.4 实训步骤

（1）教师阐述实训目的与要求。

（2）请各小组围绕创业企业制度选择的影响因素，结合之前的章节实训过程中确定的相关具体情况，填写创业企业制度选择影响因素表格。

（3）根据表格填写情况，请学生为他们自己的创业企业选择一种适合的企业制度，并要求阐释具体原因。

（4）各小组将所选企业制度、讨论过程、选择原因等加以记录并制作PPT，以备展示。

（5）各小组做好展示准备，将PPT拷贝至多媒体教室的电脑上。各小组组长抽签决定展示顺序。

（6）教师安排各小组相互评价并将评价结果及时反馈给班长。

（7）各小组对本组的实训表现进行总结。

［注意事项］在整个实训过程中，教师仅在有必要的情况下才介入，例如讨论方向偏离、实训要求阐述偏差、实训流程颠倒、时间掌控失误、发言跑题等情况。

8.2.5 教师总结与评价

教师应该对各小组的选择与知识点的契合情况、与现实的符合情况进行总结和评价，引导同学们思考，本组的创业项目是否还有更为适合的企业制度。

8.3 启发式训练：企业命名与选址

8.3.1 实训项目内容

学生应该通过资料查阅、实地调研、访谈等综合手段，对所学企业命名与选址相关理论知识进行验证；为本团队的创业企业进行命名与选址。

8.3.2 实训的目的与要求

本实训基于企业命名与选址的相关理论知识，通过资料查阅、实地调研、访谈等综合手段，让学生切身体会合适的企业名称、合理的企业选址对一家创业企业顺利运营的重要性。学生应该在学习、调研与讨论的基础上为本创业企业命名与选址，填写两个表格"企业设立名称预先核准申请书"和"企业设立登记申请书"（见表8-3和表8-4）。

［知识拓展］　　　　　　　　　　企业命名

（1）企业名称组成。

企业名称一般由四个部分组成："行政区划+字号+行业+组织形式"，排列方式可以略有不同。

（2）企业起名注意事项。

第一，企业的字号要注意符合当地的文化风俗。

第二，要考虑是否符合行业特点。

第三，要注重内涵特色，寓意尽量美好。

第四，要个性十足，能给人们留下深刻印象。

第五，企业的字号要读起来朗朗上口，注意视听效果，最好能给人留下良好深刻的第一印象。

第六，不要与登记机关范围内已核准或者申报的企业名称全称相同。

第七，不能与登记机关范围内知名企业在同领域内字号相同（特别授权的除外）。

［知识扩展］　　　　　　　　　　企业选址

（1）企业选址概述。

企业必须有注册地，且这个注册地必须是实体的，不能是虚拟的。该实体注册地可能与生产经营地在一起，也有可能分开，但必须授权给本企业使用。

（2）企业选址注意事项。

第一，企业选址要符合基本经营条件。

第二，成本设置要合理，有利于企业长期盈利。

第三，要考虑原材料供应、组织生产、招聘员工、接近市场和政治、经济、人文环境等诸多因素。

第四，要将创业企业的初期发展目标与长期发展目标相结合。

8.3.3　实训的组织

（1）教师引导学生学习企业命名与选址的相关知识点，引导学生思考创业企业的使命、愿景、商业模式与命名、选址之间的关系，举例说明命名与选址对一个企业长期生存与发展的重要意义。

（2）材料准备：笔记本、笔，以及可用于拍照、录音或视频录制的手机。

（3）场地准备：多媒体教室。

（4）学生准备：班长在上课前将实训要求通知各组同学，请同学们查阅调研对象资料，设计访谈提纲，通知同学们打印并填写"企业设立名称预先核准申请书"和"企业设立登记申请书"，做好 PPT 及展示准备，安排展示顺序和展示过程并做好记录。

表 8-3　企业设立名称预先核准申请书

<table>
<tr><td colspan="4" align="center">企业设立名称预先核准</td></tr>
<tr><td>申请企业名称</td><td colspan="3"></td></tr>
<tr><td>备选
企业字号</td><td colspan="3"></td></tr>
<tr><td>企业住所地</td><td colspan="3"></td></tr>
<tr><td>注册资本（金）</td><td>＿＿＿＿＿＿万元</td><td>企业类型</td><td></td></tr>
<tr><td>经营范围</td><td colspan="3"></td></tr>
<tr><td rowspan="4">投资人</td><td colspan="2" align="center">名称或姓名</td><td align="center">证件号</td></tr>
<tr><td colspan="2"></td><td></td></tr>
<tr><td colspan="2"></td><td></td></tr>
<tr><td colspan="2"></td><td></td></tr>
<tr><td colspan="4" align="center">指定代表或共同委托代理人</td></tr>
<tr><td>具体经办人
姓名</td><td>身份证号码</td><td colspan="2">联系电话</td></tr>
<tr><td>授权期限</td><td colspan="3">自　年　月　日至　年　月　日</td></tr>
<tr><td rowspan="3">授权权限</td><td colspan="3">1. 同意□不同意□核对登记材料中的复印件并签署核对意见；</td></tr>
<tr><td colspan="3">2. 同意□不同意□修改有关表格的填写错误；</td></tr>
<tr><td colspan="3">3. 同意□不同意□领取"企业设立名称预先核准通知书"。</td></tr>
<tr><td>申请人
签字或盖章</td><td colspan="3">年　月　日</td></tr>
</table>

表 8-4　企业设立登记申请书

企业名称			
名称预先核准通知书文号		联系电话	
住所		邮政编码	
法定代表人姓名		职务	
注册资本	＿＿＿＿（万元）	公司类型	
实收资本	＿＿＿＿（万元）	设立方式	
经营范围	许可经营项目： 一般经营项目：		
营业期限	长期/＿＿＿＿年	申请副本数量	＿＿＿＿个

本公司依照《中华人民共和国公司法》《中华人民共和国公司登记管理条例》设立，提交的材料真实有效。谨此对真实性承担责任。

法定代表人签字：
年　　月　　日

8.3.4　实训步骤及其时间分配

（1）复习与企业命名与选址相关理论知识。

（2）按照事先准备的访谈提纲，对访谈对象进行实地调研，利用照片、音频或视频的形式留下资料，了解企业名称的由来与内涵、企业选址的过程与主要考虑因素、企业发展情况等，探寻名称和选址与企业经营发展的内在联系。

（3）根据调研成果，思考本创业企业的使命、愿景、商业模式对企业命名和选址有哪些约束。

（4）在实训 8.2 和本实训前 3 步的基础上，初步拟定企业名称和企业所在地。

（5）按照所学知识，通过团队讨论，分工协作填写表 8-3 和表 8-4。

（6）准备展示提纲，制作 PPT。

（7）在课堂中进行交流展示，每组时间为 10 分钟。

（8）各小组相互学习、相互评价，评价内容包括：发言组的优点、不足及完善策略。

8.3.5　教师总结与评价

教师设计评分标准，对整个团队组建进行点评，并对最佳组建团队进行奖励。教师在点评时应指出各个团队组建的优点和有待改进之处。

［知识拓展］　　　　　　　　企业设立更便捷

2019 年 1 月 22 日，国务院办公厅发布《国务院关于取消和下放一批行政许可事项的决定》，决定取消 25 项行政许可事项，其中包括名称预先核准。

为了使投资者开办企业更便捷，各省（直辖市、自治区）已全面推行企业名称自主申报改革，取消企业名称预先核准，实现名称审核与设立登记合并办理，让企业开办更便捷。

企业自主申报名称一般可通过"互联网"的方式进行，申请人只需登录所在辖区的政务服务网或者市场监督管理局网站，在"企业开办一窗通办"等类似窗口就可直接申报企业名称。

8.4 案例实训：京东的股权结构设计

8.4.1 实训项目内容

案例分析：京东的股权结构

创始人在创业之初就必须知道的一个法律常识就是：投票权与股权是可以分离的，当下很多企业不断吸引融资并发展壮大，但创始人的股权随之被不断稀释，很难一直保证公司的绝对控股权。为了继续维持创始人股东对公司的控制权，创始人可以将其他股东股权中的投票权分离出来，交给创始股东行使。

例如，某些公司使用"同股不同权"的"AB 股计划"，这一般意味着以下三点。

（1）公司股票可以分为两类，每股对应的投票权不同。对 A 类股来说，一股便有一票投票权；对 B 类股来说一股便有多倍投票权。

（2）两种股票的持有人不同，持有 A 类股的一般是公众投资者，持有 B 类股的一般是创业者、高管等。

（3）两种股票不能随意转化，即 A 类普通股的持有者无法将 A 类股变成 B 类股，而 B 类股经过一定的程序或者直接转让，可以将 B 类股转化为 A 类股。

根据京东集团的招股说明书，按照其 AB 股规则，刘强东所持有的 23.1%股份属于 B 类股，其 1 股拥有 20 票的投票权（一般美国上市公司的 AB 股投票权比例是 1∶10），而除刘强东之外的其他股东所持股份属于 A 类股，其 1 股只有 1 票的投票权。所以，虽然刘强东早已不是京东的第一大股东，但是在实行 AB 股计划后，他仍然拥有该公司超过 80%的投票权。

阅读上述案例，请回答以下问题。

（1）公司为什么要设置"AB 股"双股权架构？

（2）按照公司所有权和控制权的组合，我们可以将公司的股权结构划分为分散所有权弱控制权的 A 模式、分散所有权强控制权的 B 模式、集中所有权弱控制权的 C 模式、集中所有权强控制权的 D 模式。请问京东集团属于哪种模式？

（3）你认为京东集团的股权设计是否能够对公司的长期发展起到促进作用？

（4）京东集团的股权结构设计对你有什么启发？

（5）为了将来不失去创业企业的控制权，初创企业在进行股权结构设计时，还能采取哪些措施？

8.4.2 实训的目的与要求

通过案例分析，学生应该进一步地认识创业企业股权设计的重要性，理解一个控制权稳定的企业有哪些发展优势，了解初创企业股权结构设计的原则与方法。

学生应该确定本创业企业的股本结构，并填写表8-5。

表 8-5　股东（发起人）出资情况

序号	股东（发起人）名称或姓名	证件类型	证件号码	出资时间	出资方式	认缴出资额/万元	出资比例	备注
1								
2								
3								
4								
……								

8.4.3　实训的组织

（1）材料准备：班长提前将案例分析材料发给同学们。

（2）场地准备：多媒体教室。

（3）学生准备：学生需要根据案例分析材料进行思考，设计本创业企业的股权结构；根据案例材料讨论并思考题目的回答情况、小组成员的感悟和本组最后决定的股权结构；做好 PPT 及展示准备，安排展示顺序和展示过程并做好记录。

8.4.4　实训步骤

（1）学生提前掌握与股权结构设计相关的知识点。

（2）学生根据案例分析材料进行思考。

（3）学生对讨论与思考题目进行作答。

（4）学生就本团队拟创业企业的股权结构进行讨论并确定方案。

（5）填写表格8-5，如果股东人数偏多，可以在表后加行。

（6）课堂展示。

（7）小组互评。

（8）教师点评。

8.4.5　教师总结与评价

教师设计评分标准，对整体案例实训过程进行点评，并对最佳组建团队进行奖励。教师在点评时应该指出各个团队组建的优点和不足以及改进措施。

8.5　实践实训：发起人协议的起草

8.5.1　实训项目内容

本实训以创业团队为单位，确定企业发起人，明确企业发起的具体工作内容及企业发起人的权利与义务，以起草"发起人协议"的形式初步订立契约。本次实训主要采用课下准备、课上分享讨论的形式。

8.5.2 实训的目的与要求

本实训通过起草"发起人协议",使学生了解发起人所承担的企业发起工作的具体内容,理解企业发起人的权利与义务及其对企业设立成功的重要意义,了解订立契约的重要性。

每个创业团队需要形成发起人名单,明确发起人需要事先约定的内容并填写表8-6(创业企业发起人协议条目),起草"发起人协议"。

表8-6 创业企业发起人协议条目

发起人协议相关条目	具体内容
企业基本情况	企业名称、住址、经营范围、注册资本、股本结构
发起人	发起人姓名/名称、出资情况
发起责任的承担	发起设立相关工作的分配、聘请中介机构、发起失败相关责任的承担
违约赔偿	由于某一方发起人违约行为造成的损失需由其进行赔偿
协议修改	协议修改条件及流程
协议终止	协议终止条件及流程
……	……

8.5.3 实训的组织

(1)材料准备:教师提前将实训内容、实训要求与表格发给学生。学生们需要根据所学理论知识,查阅相关资料,将表8-6填写完整,并根据表格内容起草"发起人协议"。

(2)场地准备:多媒体教室。

(3)学生准备:班长在上课前通知同学们做好PPT及展示准备,安排展示顺序和展示过程并做好记录。

8.5.4 实训步骤及其时间分配

(1)复习与发起人及其权利、义务相关的理论知识。

(2)查阅相关资料,总结各类企业"发起人协议"均应包含的内容及本创业企业拟写入"发起人协议"的独特内容。

(3)填写表8-6,可对表中原有内容加以修改。

(4)起草"发起人协议",可根据具体情况进行分工与协作。

(5)就协议内容与形式展开团队讨论,进一步修改完善。

(6)准备展示提纲,制作PPT。

(7)在课堂中进行交流展示,每组时间为10分钟。

(8)各小组相互学习,相互评价,主要评价内容为发言组的优点、不足及完善策略。

8.5.5 教师总结与评价

教师应该总结各组表现，点评学生对"发起人协议"知识点的掌握情况并提出建议。

[资料小链接]　注重发挥党组织在企业治理体系中的重要作用

"要明确党组织在决策、执行、监督各环节的权责和工作方式，使党组织发挥作用组织化、制度化、具体化。要处理好党组织和其他治理主体的关系，明确权责边界，做到无缝衔接，形成各司其职、各负其责、协调运转、有效制衡的公司治理机制。"

"坚持党的领导、加强党的建设，是我国国有企业的光荣传统，是国有企业的'根'和'魂'，是我国国有企业的独特优势。"

——习近平在全国国有企业党的建设工作会议上的讲话

一、无论是国有企业还是民营企业，都要设立中国共产党的组织

根据《中国共产党章程》第五章第三十条，企业、农村、机关、学校、科研院所、街道社区、社会组织、人民解放军连队和其他基层单位，凡是有正式党员三人以上的，都应当成立党的基层组织。根据《中华人民共和国公司法》（以下简称《公司法》）第十九条，"在公司中，根据中国共产党章程的规定，设立中国共产党的组织，开展党的活动。公司应当为党组织的活动提供必要条件。"《上市公司治理准则》第五条规定："在上市公司中，根据《公司法》的规定，设立中国共产党的组织，开展党的活动。上市公司应当为党组织的活动提供必要条件。国有控股上市公司根据《公司法》和有关规定，结合企业股权结构、经营管理等实际，把党建工作有关要求写入公司章程。"

所以，无论是国有企业还是民营企业，都要设立中国共产党的组织，开展党的活动。且凡有正式党员人数在三人以上的公司，都应当成立党的基层组织。

根据党员人数的不同，公司中党组织的类型是不一样的。一般地，党员人数在50人以下，可以建立党支部，正式党员7人以上的党支部，设立支部委员会；党员人数在50人到100人之间，可以建立总支部委员会（以下简称党总支）；党员人数在100人以上，可以建立党的基层委员会（简称党委）。

二、无论是国有企业还是民营企业，都要把党的领导融入公司治理中

根据《中国共产党国有企业基层组织工作条例（试行）》，国有企业党委（党组）发挥领导作用，把方向、管大局、保落实，依照规定讨论和决定企业重大事项。国有企业党支部（党总支）以及内设机构中设立的党委围绕生产经营开展工作，发挥战斗堡垒作用。公司的重大事项要经过党组织先讨论决定后，再提交相应的决策机构进行决策。新形势下，国有企业坚持党的领导、加强党的建设，把党的领导融入公司治理中。

民营企业也要发挥党的领导作用，党组织一定要引导和监督企业遵守国家的法律法规，引导和促进企业的发展方向。

资料来源：中国证券监督管理委员会.【第29号公告】《上市公司治理准则》. [R/OL]. （2018 - 09 - 30） ［2021 - 05 - 02］. http://www.csrc.gov.cn/pub/zjhpublic/zjh/201809/t20180930_344906.htm.

教学建议：教师在教学中要结合本章训练内容引导学生总结"企业创立的过程"，思考"要创立一个什么样的企业""如何创立这样的企业"和"企业创立阶段与经营管理阶段如何进行衔接"；引导学生理解党组织在企业治理体系中发挥的重要作用。

第9章

新创企业管理

本章课程学习目标

- 了解新创企业成长规律，合理规划成长路径。
- 了解新创企业成长过程的复杂性，理解能力与成长的匹配关系。
- 熟悉和掌握确定目标市场的方法。
- 了解和掌握制定市场营销组合方案的一般方法。
- 掌握编制生产（采购）计划的一般方法。

9.1 启发式实训：新创企业成长规划

9.1.1 实训项目内容

本实训基于新创企业的"愿景"，引导学生在不同资源条件下规划企业的发展蓝图。

9.1.2 实训的目的与要求

学生需要通过规划企业发展蓝图，了解企业愿景的重要性并能合理利用资源，在创业实践中做出更多正确的决策。

9.1.3 实训的组织[①]

（1）材料准备：①与新创企业成长的有关文献，学生在课前阅读这些文献；②5万元、50万元、500万元三种金额的货币道具；③学生自备笔和A4白纸。

---

① 海迪·M.内克，帕特里夏·G.格林，坎迪达·G.布拉什. 如何教创业：基于实践的百森教学法 [M]. 薛红志，李华晶，张慧玉，等译. 北京：机械工业出版社，2018：255-257.

（2）场地准备：多媒体教室。

（3）学生准备：学生分组。

9.1.4　实训步骤及其时间分配

（1）学生思考（5~10 分钟）。

学生应该思考如下几个问题：

①成长对我来说意味着什么？

②我能实现何种程度的成长？

③我想实现何种程度的成长？

教师应该引导学生讨论他们是否考虑过建立真正的大公司以及建立大公司所需的条件。

（2）做出未来五年内的发展规划（10 分钟）。

学生制定新创企业的愿景。基于此愿景，在没有资源限制的前提下，学生规划出未来五年企业发展蓝图。教师可以提示学生可以用收入规模、员工数量、经营范围、市场规模等定性与定量指标相结合的方式描绘发展规划。

（3）发第一笔资金：5 万元（10 分钟）。

教师给每位学生分发 5 万元资金，要求他们必须在未来 6 个月内，将此项资金用于公司发展，然后让他们列出将用这 5 万元完成的最关键的 5 件事情。

（4）发第二笔资金，50 万元（10 分钟）。

教师给每位学生分发 50 万元资金，要求他们必须在未来 6 个月内，将此项资金用于公司发展，然后让他们列出将用这 50 万元完成的最关键的 5 件事情。

（5）发第三笔资金，500 万元（10 分钟）。

给每位学生分发 500 万元资金，要求他们必须在未来 6 个月内，将此项资金用于公司发展，然后让他们列出将用这 500 万元完成的最关键的 5 件事情。

（6）描述新的企业发展规划（10 分钟）。

教师让学生重新做出在使用 500 万元后的企业发展规划。

（7）小结（15 分钟）。

教师首先选取若干名学生代表，分别展示其第一份和第二份企业发展规划，阐述二者的区别；其次让部分学生代表分别从新创企业发展愿景、新创企业成长的主要障碍、如何获取外部资源推动新创企业成长等方面分享他们对企业成长的观点。

9.1.5　教师总结与评价

教师要引导学生理解如何合理制定新创企业的愿景，特别要强调因地制宜的重要性；让学生基于企业愿景做出科学规划；引导学生正确识别企业发展中所需要的重要资源，特别是外部资源以及学会如何获取这些资源。

9.2　游戏实训：叠杯子竞赛

9.2.1　实训项目内容

当初创企业快速成长时，创业者需要不断地动态调整企业的发展进程，创造全新的体系来确保企业的扩张。本实训项目要求学生分别以个人和团队的方式参与叠杯子的竞赛。杯子数量的增加，势必会导致诸如杯子坍塌或推倒重来的破坏性错误出现，使得摆放和拆解金字塔过程中出现浪费时间的情况，学生需要迅速调整方案，快速完成任务。

9.2.2 实训的目的与要求

学生通过参与叠杯子的竞赛，感知在管理初创企业的成长过程中遇到的各种挑战，尝试不断做出调整以适应变化，从而促进企业的持续成长。

9.2.3 实训的组织

（1）场地准备：多媒体教室。
（2）道具准备：182个一次性纸杯、2个计时秒表。
（3）学生准备：学生分组。

9.2.4 实训步骤及其时间分配

（1）宣读规则（5分钟）。
教师宣读叠杯子的游戏规则。规则有如下几条：
①自下而上地将杯子组成金字塔式的结构，要求每一层都比下面一层少一个杯子，如图9-1所示。

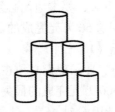

图9-1 叠杯子示例图

②参赛者必须使用全部的杯子。
③参赛者在搭建金字塔过程中如有杯子掉落，可继续进行，没有惩罚的规则。
④教师要提醒学生这不是一个考查创造力的竞赛，而是强调每一个人要按照结构要求摆起和收回杯子。
（2）个人赛第一轮（6分钟）。
教师从班里随机选出四名学生，每人拿到摞在一起的10只纸杯，要求学生将10只纸杯组成金字塔式形状。用时最少的学生获胜。在此过程中，其他同学需要认真观察。
（3）个人赛第二轮（10分钟）。
教师再选取三名学生作为挑战者和第一轮获胜者再次竞赛，每人将摞在一起的10只纸杯组成金字塔式结构；然后拆解金字塔，回收纸杯；最后将纸杯摞在一起恢复原始状态。用时最少的学生获胜。在此过程中，其他同学需要认真观察。
（4）讨论（10~15分钟）。
前两轮获胜者分享感想，向另外三名挑战者提出问题："如果重新再比赛一次，你打算改变的地方有哪些？"其他参赛者和未参加竞赛的同学也可以参与讨论。
老师向全班同学提出如下问题：

①为什么获胜者能够拿第一？

②你如何评价使获胜者快人一步的行动过程？

③你注意到了获胜者行动过程中的哪些方面？

④你看到过程中的哪些方面应该尽量避免？

老师从以下几个方面引导学生思考：

①影响搭建和拆解金字塔效率的关键因素有哪些？

②操作的基本流程有哪些？其中哪些环节最容易失误，应该如何避免。

（5）团体赛（15分钟）。

教师让前两轮竞赛速度最快的2名参赛者分别自由选择班上1名同学组成2个人的团队，再邀请4名学生，每2人组成一队，共组成4支队伍，将摞在一起28只纸杯组成金字塔结构；然后拆解金字塔，回收纸杯；最后将纸杯摞在一起恢复原始状态，用时最少的团队获胜。

（6）总结（15分钟）。

老师从以下几个方面引导学生思考：

①挑战的规模越大（杯子数量增加），取得胜利所需流程就越复杂。

②相比个人比赛，团队比赛对参赛选手个人能力和相互配合能力的要求都很高。

③在公司规模扩大的同时，其管理能力也要不断提高。

9.2.5 教师总结与评价

结合新创企业管理，学生要思考如下核心创业问题：

（1）如果我在创业，我的经营流程需要如何演进？

（2）我现有的经营流程如何创造（或破坏）顾客价值？

（3）对于自身经营流程的深入理解，将如何帮助自己降低成本或提高向顾客的要价水平？

教师在课后让学生观看专业选手叠杯子的视频，激发学生更好地理解运营过程并学习相关隐性知识。

9.3 案例实训：基于 STP 理论的 A 公司营销策略

9.3.1 实训项目内容

案例：基于 STP 理论的 A 公司营销策略[①]

1. A 公司简介

A 公司是某市的一家房地产中介机构，主要为顾客提供存量房的买卖服务，经过多年的发展，A 公司已在当地获得了较大的市场规模，多年来交易额稳居某市第一，近年来随着国内大型房产中介结构不断进入当地市场，竞争愈演愈烈，为了更加准确把握目标顾客，挖掘客户的核心需求，帮助潜在顾客做出购买行为，A 公司运用 STP

① 王灿，杨小红. 基于 STP 理论的存量房营销策略研究：以成都链家房地产经纪有限公司为例 [J]. 现代商业，2015（11）：33-35.

（segmenting targeting positioning）理论重新梳理了公司的营销策略。

2. A公司的STP分析

（1）市场细分（segmenting）。

市场细分的理论依据是消费者偏好和需求的差异性，对于购房者而言，买房的目的不近相同。消费者市场细分更多地从消费者主观意愿出发，因而消费者决定了需求市场的方向。对于存量房市场而言，地理位置等特定属性既是优势也是劣势。

①房屋综合属性。

a. 房屋基本属性。对于一般的购房者而言，房屋的户型、朝向、楼层、采光、隔音效果等都会影响其决策。

b. 交通。对于上班族而言，住房的交通环境尤为重要，很多上班族的上班地点多集中于某市二环内；部分上班族工作不稳定；还有一部分上班族多居住在三环周边甚至郊区，每天上班都要花费一个半小时左右的时间，长此以往，他们往往会考虑住在离上班场所较近的地方。此外，大多数人虽然都会考虑到选择购买交通相对便利的房屋，但是交通便利的房屋如果临近交通主干道，交通噪音则会严重影响住户的日常生活和睡眠，睡眠不好的人们会避而远之。当然，这些临街的住房价格要加实惠，依然能吸引部分人群前来购买。

c. 商圈成熟度。周边配套是否成熟也会对业主的居住质量和生活状态产生重要的影响。目前，该市二环内的商圈基本成熟，周边配套设施基本齐全，大型商场、超市分布较为均匀，各类餐饮、娱乐场所数量众多。

d. 物业管理。物业管理方会对房屋建筑及其设备，市政公用设施、绿化、卫生、交通、治安和环境容貌等管理项目进行维护、修缮和整治，并向所有人和使用人提供综合性的有偿服务。物业管理的水平直接影响住户的居住体验，现在的消费者也越来越重视物业管理。

e. 开发商品牌。从某种程度上来说，优质开发商开发的楼盘对消费者来说是一种消费的号召力，能让消费者放心和安心。

②客户需求。

a. 投资型。投资型消费者看中的是住房的潜在价值和投资回报率，对地段和租金都有很高的要求。地铁口、高架口以及上班族集中地附近的小户型最为投资型消费者所喜爱，这样的住房既可以保值又有可观的租金可收取。

b. 过渡型。在购房群体中，对于刚刚踏出校门或者步入社会不久，工作时间短的急需房屋居住或者结婚使用的年轻人而言，想拥有一套自己的房子是显而易见的，而这个群体的购房者购买的房屋都是用来过渡的，等日后工作生活区域稳定，有了孩子肯定会换一套比较大的房屋来满足居住需求。对于这一群体而言，房屋总价和单价都是他们主要考虑的因素之一。因此小户型总价低的存量房更被这一群体所喜爱。

c. 改善型。而对于工作相对比较稳定，事业有成或者经济条件相对宽裕的购房者而言，其购房目的就是希望能够改善目前的居住条件，选择大户型来解决住房拥挤问题；他们会选择配套设施完善、商圈成熟的小区来提高生活质量；选择环境优美、交通便利的小区来改善居住体验。这一类购房群体有较强的经济实力，他们更在意的则是房屋本身具有的物理属性所能给予他们的舒适度和便利度，房屋的朝向、户型、采光等细节问题是他们主要关注的问题。

d. 养老型。随着中国老龄化进程逐渐加快，很多老人忙忙碌碌辛苦一辈子，在退休后希望能够选择一块舒适的居住地来安享晚年，这一类购房群体往往年龄较高，喜欢商圈配套相对成熟，楼层较低，距离菜市场、公园以及老年活动中心等较近的地方。对这类群体而言，楼层是他们首要考虑的因素之一，身体机能退化后，较高的楼层不便于他们出行，会给他们的生活带来诸多不便。退休后的老人们平时没什么事，对于喜欢出门散步消遣的老人们来说，公园等休闲娱乐场所是最理想的去处。

（2）目标市场选择（targeting）。

经过综合考虑，A公司决定将投资型消费和改善型消费两个细分市场视为目标市场。

（3）市场定位（positioning）。

①企业定位。A公司是以存量房销售为主、新房代理为辅的提供房屋置换服务的服务型公司。在为购房者提供满意的房屋的同时，提供优质的服务也至关重要，只有给客户提供满意的购房体验才够进一步稳固市场，提高市占率。因此，作为服务行业的公司应当注重购房客户的满意度，在客户购房期间创造良好的购房环境，让客户感觉到企业良好的服务态度，为客户创造价值。

②品牌定位。A公司作为某市存量房市场的龙头，致力于为人们能拥有更好的居住体验而不断努力进取。

③竞争定位。虽然目前为止，A公司在某市存量房市场中的市占率最高，但是仍有不少中介企业虎视眈眈，特别是国内知名连锁中介机构不断加入竞争，A公司要在保持自己的市场占有率稳定的情况下，加快对房源和客源市的整合，提高自身竞争实力。

④客户定位。A公司需要多方面了解客户信息，挖掘客户核心需求，针对不同需求的客户提出不同的方案，根据客户需求匹配房源。

3. A公司营销策略组合

A公司针对投资型和消费型两个细分市场的特点制定不同的市场营销方案，来满足不同细分市场的需要，即采用差异化的营销策略组合来提高企业的整体竞争力。

（1）产品策略。

①消费者需求。我们可以将消费者分为两类。其一是投资型。针对投资型的客户而言，A公司应该向其重点推荐交通便利、配套齐全地点的中小户型。此类住房的单价较高，租金收入相对比较可观。其二是改善型。改善型的购房者更在意的是居住体验、配套设施、小区绿化等。小区大环境比较好的小区更为改善型的客户所喜爱。

②产品开发策略。目前的存量房市场逐渐趋于稳定，把控资源显得尤为重要，通过业主门店报盘或者网络发布等方式难以获得独占性的房源信息，成交难度大。因此，A公司主要通过业主资料来获取房源信息，这一类资源往往只有自己公司拥有，比较好把控，控制住更多房源从而增加客户可选房源。

③品牌化策略。A公司是本市地产中介的龙头老大，品牌知名度高。A公司可以通过各大网络、媒体、户外广告等进行撒网式宣传，提高人们对品牌的认知度。

（2）定价策略。

①差别定价。对于二手房交易而言，中介费就是中介公司主要的经济来源，而中介费用由房东和购房者共同承担；对存量房市场而言，绝大多数房东都不愿意承担中

介费，而有时候购房者觉得中介费太高或者处于心理不平衡状态从而放弃买房。A 公司可根据双方的现实情况和交易心理来差别定价。对于急于售房或者对价格不太敏感的房东，可以让房东出部分中介费，让利购房者，从而减少购房者的成本预算，达到既可以帮助房东更快速度的出售房屋，又帮助购房者减轻压力的双重效果。售房者是不承担中介费用的，如果经纪人片面强调售房者也应当承担部分中介费必然会导致房东不满，甚至不信任公司，从而不愿意让你的公司帮他卖房。针对这种情况，只有在带客户看房时提前说明所有中介费用都得客户自己承担，尽量缩小买卖双方的心理低价。

②心理定价。在房东登记房屋出售信息后，房东卖房的心理价格和客户买房的心理价格基本都是不同的，卖者想高价出售，买者想低价入手。买卖双方之间的价格差就需要中介公司处理。中介公司通过长时间的维护议价将出售房屋的价格议至市场价，并以略高于市场价的价格报给客户，因为所有客户都认为价格是还可以少，如果直接将低价告诉客户，客户肯定会认为这个价格可以更低，从而增加房产经纪人的压力，买卖双方谈判时各不让步，从而导致谈判破裂。对于这种情况，在购房者还价低于或者接近业主低价时，打击购房者，告知购房者必须以高于业主低价才能买得此房，提高买房的心理价位，降低卖房者作为筹码抛向反水的一方，从而保证买卖程序的正常进行。

（3）促销策略。

①人员。销售公司最重要的就是销售人员，房产经纪人是主要的客户开发者。房产经纪人通过跟有购房需求的消费者洽谈、提供服务、了解客户需求从而匹配房源。房产经纪人还可以通过社区活动来开发有需求的购房客户。在维护客户关系方面，房产经纪人所获得的客户的信任则是其他任何促销手段所不能代替的。

②门店。A 公司在某市拥有上百家门店，同时，还拥有网上存量房查询系统，购房者登陆该系统，就随时可以查询目前在售的套数、最近成交的套数和成交均价。A 公司可以加大对该系统的开发力度以及广告投入，可以吸引更多的购房需求者前来选房。

（4）渠道策略。

①网络。对于存量房市场而言，网络渠道尤为重要，很多成交客户均来自网络。房产经纪人可以在各大房产网站上发布房源信息，同时可以在存量房查询系统中录入相关房源信息。

②老客户转介绍。在房产中介行业，有句名言是"剩者为王。"，能够"剩下"的房产经纪人通常资历比较老，专业知识扎实，手中拥有一定的客户资源，对商圈也比较了解。很多投资客户套现，过渡、改善、养老客户换房都离不开房产经纪人。根据六度分隔理论，买房者之间如果相互认识，自己而然的就由潜在客户成为了准客户。

阅读以上案例后，请回答以下问题。

（1）什么是 STP 理论，它的主要内容是什么？

（2）A 公司选择投资型和改善型这两个细分市场为目标市场，你认为这样合理吗？请阐述理由。

（3）你认为存量房市场还可以用什么标准进行市场细分？

（4）A 公司的营销策略还存在什么问题，请进行补充。

9.3.2 实训的目的与要求

通过案例分析，学生需要熟悉 STP 理论的基本内容，掌握运用 STP 理论制定新创企业营销策略的基本知识和技能。

9.3.3 实训的组织

（1）材料准备：笔和纸。
（2）场地准备：多媒体教室。
（3）学生准备：学生分组。

9.3.4 实训步骤及其时间分配

（1）学生分组后，在课前完成案例材料的阅读并做好相关问题的准备工作，形成主要观点，制作PPT。
（2）学生通过PPT分组展示案例讨论结果，每组展示的时间控制在6分钟。
（3）小组互评。各小组对其他小组展示成果进行评价打分，说明打分理由。

9.3.5 教师总结与评价

教师对课堂展示进行点评，对各小组作品提出相应的改进建议。教师应该以最佳作品为例，强调STP理论包含的关键要素，以及如何运用STP理论开展相关工作。

9.4 实践实训：编制生产（采购）计划

9.4.1 实训项目内容

本实训的内容是：虚拟经营一家制造型企业，组织学生使用物料需求计划（MRP），由订单倒推前序的生产和采购活动，形成生产（采购）计划。

9.4.2 实训的目的与要求

新创企业的生产管理是一项重要的管理活动，学生通过运用物料需求计划（MRP）编制生产（采购）计划，了解制造型企业基本的生产流程，进一步树立以零库存为代表的集约型生产的理念。

9.4.3 实训的组织

（1）材料准备：物料需求计划基本内涵的学习材料，班长应该提前将学习材料发给学生进行课前学习。
（2）学生准备：学生分组。
（3）场地准备：多媒体教室。

9.4.4 实训步骤及其时间分配

（1）了解虚拟企业的基本情况（10分钟）。
甲公司是一家制造型企业，主要生产X、Y等型号的产品。其中，产品X的产品结构图（BOM）如图9-2所示。生产产品X以及物料B和D的提前期分别为1周、1周和2周，产品X的产品出产计划（MPS）、产品X以及物料B和D的库存信息均如

表 9-1 所示。

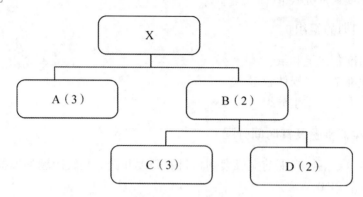

图 9-2　产品 X 的产品结构图 (BOM)

表 9-1　产品 X 及物料 B 和 D 生产 (采购) 信息

物料品种	提前期（周）	项目	周										
			1	2	3	4	5	6	7	8	9	10	11
X	1	总需求量	0	8	0	0	0	5	0	5	0	0	0
		预计到货量											
		现有数（0）											
		净需要量											
		计划发出订货量											

物料品种	提前期（周）	项目	周										
			1	2	3	4	5	6	7	8	9	10	11
B	1	总需求量											
		预计到货量											
		现有数（20）											
		净需要量											
		计划发出订货量											

物料品种	提前期（周）	项目	周										
			1	2	3	4	5	6	7	8	9	10	11
D	2	总需求量											
		预计到货量											
		现有数（50）											
		净需要量											
		计划发出订货量											

（2）计算产品 X 以及物料 B 和 D 的生产 (采购) 信息 (15~20 分钟)。

（3）填写产品 X 以及物料 B 和 D 的生产 (采购) 计划表 (5 分钟)。

表 9-2 是产品 X 的生产计划。

表 9-2　产品 X 的生产计划

序号	物料品种	单位	数量	计划加工时间（第几周）	计划交货时间（第几周）
1	产品 X	件			
2	产品 X	件			
3	产品 X	件			
4	产品 X	件			
5	产品 X	件			

表 9-3 是物料 B 的生产计划。

表 9-3　物料 B 的生产计划

序号	物料品种	单位	数量	计划加工时间（第几周）	计划交货时间（第几周）
1	物料 B	件			
2	物料 B	件			
3	物料 B	件			
4	物料 B	件			

表 9-4 是物料 D 的采购计划。

表 9-4　物料 D 的采购计划

序号	物料品种	单位	数量	计划加工时间（第几周）	计划交货时间（第几周）
1	物料 D	件			
2	物料 D	件			
3	物料 D	件			

9.4.5　教师总结与评价

教师需要指导学生熟悉物料需求计划中"三个输入"① 之间的逻辑关系，可以根据需要调整"三个输入"的内容，让学生重复练习。学生计算完毕后，教师应该引导学生思考该企业能否做到产品和物料的零库存；如果没有清空库存，教师应该提出改进措施。

［资料小链接］　　　　　　经营企业要诚信守法

"希望大家诚信守法。'诚者，天之道也；思诚者，人之道也'。人无信不立，企业和企业家更是如此。社会主义市场经济是信用经济、法治经济。企业家要同方方面面打交道，调动人、财、物等各种资源，没有诚信寸步难行。由于种种原因，一些企业在经营活动中还存在不少不讲诚信甚至违规违法的现象。法治意识、契约精神、守约

---

① 物料需求计划有三个需要输入的数据，我们一般简称其为"三个输入"，即库存信息、产品出产计划和产品结构图。

观念是现代经济活动的重要意识规范，也是信用经济、法治经济的重要要求。企业家要做诚信守法的表率，带动全社会道德素质和文明程度提升。"

——习近平在企业家座谈会上的讲话

诚信是一个人的立身之本，也是维护市场经济秩序的重要原则。市场主体讲诚信，可以降低交易成本、促进公平竞争、增强经济活动的可预期性、提高经济效率。正因为如此，诚信被视为市场经济的重要基石。对于企业来说，诚信既是必须践行的行为准则，又是能够为自己带来实际利益的无形资产，是赢得消费者和市场的可靠保证。

1985 年，海尔从德国引进了世界一流的冰箱生产线。一年后，有用户反映海尔冰箱存在质量问题。于是张瑞敏突击检查了仓库，发现仓库里 400 多台冰箱中还有 76 台不合格的冰箱。这 76 台冰箱的制冷功能完好，但外观有划痕。时任厂长的张瑞敏决定将这些冰箱当众砸毁，并提出"有缺陷的产品就是不合格产品"的观点，在社会上引起极大的震动。作为一种企业的诚信行为，海尔砸冰箱事件不仅改变了海尔员工的质量观念，更为企业赢得了美誉。[①]

瑞幸咖啡，曾一度是全球资本市场的一个奇迹——从成立到上市不过 18 个月，创造全球最快 IPO 记录，被美国媒体 Investor Place 评为"2020 年最佳股票"，被誉为中概股的骄傲。而正当这令人艳美的奇迹"意气风发"之时，背后财务造假的资本骗局被揭露，自 2019 年 4 月起至 2019 年年末，瑞幸咖啡公司通过虚构商品券业务增加交易额 22.46 亿元，虚增收入 21.19 亿元（占对外披露收入 51.5 亿元的 41.16%），虚增成本费用 12.11 亿元，虚增利润 9.08 亿元。"奇迹"一朝沦为泡沫，被资本及市场抛弃，瑞幸咖啡无奈只能选择退市且面临海内外大规模处罚。[②]

资料来源：

①观察者网. 海尔董事局主席张瑞敏再谈砸冰箱事件：要扭转质量观念（摘抄）［R/OL］.（2020-01-16）［2021-05-21］. https://www.guancha.cn/ChanJing/2020_01_16_ 531849.shtml.

②澎湃在线. 瑞幸咖啡，复活了？怎么做到的？（摘抄）.［R/OL］.（2020-12-01）［2021-05-21］. https://m.thepaper.cn/newsDetail_forward_10217891.

教学建议：教师在教学中要结合本章训练内容引导学生思考为什么"没有诚信寸步难行"。创业者如何才能"做诚信守法的表率，带动全社会道德素质和文明程度提升"？

第 10 章

创业风险管理

本章课程学习目标

- 理解创业风险的概念和特征。
- 掌握创业风险的管理流程和管理方法。
- 了解创业风险的主要类型。
- 掌握风险管理的方法和策略。
- 掌握创业风险的识别能力与分析能力。
- 建立创业危机意识与风险防范意识。

10.1 游戏实训：核弹危机

10.1.1 实训项目内容[①]

本实训通过模拟拆除核弹头的游戏，培养学生的危机意识并锻炼其风险应对能力。

10.1.2 实训的目的与要求

对于创业企业来说，最大的风险就是没有危机意识。有的创业者只看到企业发展的有利因素，而忽视了潜在的风险；有的创业者只看到对手的弱点，而没有看到自身的不足。如果缺少应有的忧患意识和危机意识，不努力提高自身的整体素质和竞争力，那么企业在发展中将处于十分不利的地位。

通过拓展游戏，学生需要不断提高解决问题的能力、计划能力，培养团队合作精神，提高创业风险意识和风险管理能力。

---

① 吴月瑞. 创业管理：理论、案例与实操 [M]. 北京：中国人民大学出版社，2020：272-273.

10.1.3 实训的组织

（1）材料准备：25米长绳子1条、20米长的绳子2条、水桶1个、短竹竿2根、砖头1块。

（2）场地准备：空地。

（3）学生准备：学生分组，10~16人一组。

10.1.4 实训步骤及其时间分配

本游戏实训的时间为40分钟。本游戏实训的规则如下：

（1）教师让学生把25米长的绳子拉成圆圈，并把水桶装上九成满的水，将水桶放在圆圈的中间，用砖头把水桶垫起来。

（2）教师给学生们讲下面一段故事："在伊拉克的一个山村中有一枚没有引爆的核弹头，这给该地区造成了威胁。你们作为特工人员去该地区取出核弹头，并进行引爆。圆圈内为辐射区，所有人员都不得进入圈内。2条20米长的绳子及2根竹竿为防辐射物品，它们可以进入辐射区，但不能碰到地面。"

（3）全体成员必须在30分钟内把水桶提出来，并且水不能洒出来。

10.1.5 教师总结与评价

教师讲解体验的目的并组织学生针对以下问题进行讨论，结合游戏过程中学生的体验，对创业过程中的危机意识、潜在风险的识别与规避、创业忧患意识等进行总结和评价。教师需要引导学生思考以下问题：

（1）团队中共出现了多少个方案？为什么采用了现在的方案？

（2）在整个过程中你的最佳表现是什么？团队的合作精神体现在哪里？

（3）团队在解决问题时，采取了是什么步骤，其中有什么地方需要改进？

[知识拓展]　　　　　　　　　五大商业威胁

世界上很大一部分创业公司，特别是有潜力的高增长型创业公司，很快就会倒闭。针对这个问题，分析师们显然已经做了大量的研究，这些研究表明它们的失败有五个主要原因，即：较差的产品与市场的匹配性、内部纠纷、过早规模化、不平衡的扩张、未能从早期用户过渡到主流市场。

那么，我们来看一下这五点具体的情况以及如何避免这些情况。

错误1：较差的产品与市场的匹配性。

如果创业的点子很差，那么整个项目就好似"鞭子打死马"一般。有些投资者（并非全部）会说，比起最好的创意，他们通常更倾向于最好的团队，这是因为伟大的团队能够做出关键的选择，直到实现产品与市场匹配，而且还能够使业务运转起来。我们认为，产品与市场之所以不匹配，往往是因为以下三个典型的错误：项目太小，不值得做出努力和承受风险；缺少占优策略；未能分清生活方式型项目和成长型项目。

我们先看一下第一个典型问题。现在的营销人员会谈到潜在市场规模（TAM），即理论上的用户群；还有可服务市场（SAM），潜在用户是原则上可能会从供应商那里购买产品的用户。目标市场是指公司认为能把产品卖出去的市场。其销售预算是指公司期望在特定时期内实现的销售额。

创业者在这一点的判断上经常会产生很大偏差。我们说的很大是多大呢？研究表明，还没有做出产品的创业公司平均会将其未来的销售额高估100倍。其主要原因就是创业公司高估了市场潜力，低估了竞争对手。

高估自己的销售潜力可能还有一个原因，那就是创业公司没有将销售潜力与当地占主导地位的需求结合起来，即没有占优策略。许多创业者会说："如果我们能够获得3%的全球市场，收入就会达到10亿美元，利润就会有1亿美元。"他们这样说犯了一个错误，他们可能忘记了，市场占有率低（比如3%）的公司往往是亏钱的。更好的方法是找到一个更小的市场，在那里获得50%的市场份额。因此，创业者不应该瞄准只能获得较小份额的大市场，而应该瞄准一个能够获得较大份额的小市场。

产品与市场匹配的第三个普遍问题是创业者混淆了生活方式型项目和成长型项目。不管你的项目是否能进行规模化，如果它本身没有规模化的潜力，而你仍将其视为潜在的成长型项目，那么你可能会陷入困境，因为你认为会有外部投资者加入，但实际上几乎不可能。所以要记住，如果要实现规模化，你的商业模式必须是可复制的，边际成本能不断降低，甚至具有病毒式传播的潜力。

错误2：内部纠纷。

统计数据表明，内部纠纷往往是创业公司倒闭的主要原因。那么，纠纷是怎么发生的呢？缺少股东协议或股东协议做得不好可能是一部分原因。因此，要尽早制订协议，至少把一部分股份进行动态分配，以便应对意外情况。此外，团队在公司预期的商业和财务目标上要达成一致。

另外一种避免内部纠纷的方法是告知员工，如果公司规模变大了，他们将不再凡事都向创始人报告。出于同样的原因，不要随便给员工安排较高的职位。公司在招聘大公司的高管担任创业公司的领导时也要注意这一点。

此外，包括你在内的领导者应该随着公司的成长而成长，这一点是很重要的。当公司规模很小时，创始人会掌控每一个细节，这属于微观管理。之后，创始人更应该关注战术和战略。当公司员工达到数百名时，创始人应该更多地关注培养未来的领导者而非公司运营，因为公司有卓越的领导者负责运营管理。但是，擅长开发初始产品的人不一定适合战略领导，更不用说培养领导者了。

错误3：过早规模化。

研究发现，扩张速度过快的创业公司更容易走向失败。假设你有一家小软件公司，为用户提供定制解决方案。突然之间，你想要成为软件产品的国际供应商。那就行动起来吧！

不过，具体需要怎么做呢？你很可能需要一个全面的测试环境、专业的测试团队、一个文件编制团队、几个开发团队、国际销售人员、一个营销团队，当然还要有人力资源团队来掌控现在已经变得比较庞大的组织。突然之间，这已经不再是一家拥有25名员工的公司，而是一家拥有250名甚至更多员工的公司。你能否在适应这种转变呢？

还要记住"先搞定一切再规模化"的建议。正如前文提到的，对我们来说，搞定一切不仅要找到产品与市场的匹配性，而且要把公司变成一个高效、简化的执行机器。

错误4：不平衡的扩张。

规模化过程中还存在一个几乎所有创业公司都会面对的问题，那就是在其他环节尚未准备好时加快某一环节的扩张，这会导致公司成长的不平衡。不平衡扩张主要体现在以下几个方面：

①聘用了过多的员工，超出了公司的承受能力。

②在没有良好的用户体验的情况下，过狠地从第一批用户/客户身上赚钱。

③在市场准备不足的情况下，对某个产品采取猛烈的营销策略。

④在用户尚未了解核心功能之前，为产品创建了过多的功能。

⑤对新用户投入过多。

⑥过早地任命高管。

⑦过早地创建多个管理层级。

⑧利用公关弥补产品问题，而不是去调整产品。

⑨在证明产品与市场的匹配性之前进行规模化。

⑩在可以使用自由职业者时雇用正式员工，过早制订了太多详细的计划。

以上这些情况听起来可能很愚蠢，但在创业公司有很多事情都不确定、不可知的时候，这些情况很难避免。

错误5：未能从早期用户过渡到主流市场。

举个例子，你创办了一家公司，并很快把产品成功卖给了一些热情的用户。换句话说，你已经度过了发现阶段、验证阶段和效率阶段。你心里想："哇，太棒了。现在我们可以全速前进，征服整个市场了！"

全速前进肯定会让人感觉又酷又有劲头，但是你可能没有充分考虑到，并非所有用户都一样。最热情的人已经购买了产品，那些没什么反应的人则完全是另外一回事了。

那些没什么反应的人要难对付得多。科技领域经常按以下顺序描述用户群：①技术爱好者；②有远见者；③实用主义者；④保守主义者；⑤怀疑论者。技术爱好者会因为产品新而购买，而怀疑论者就算新产品也不愿意购买。技术爱好者可能会连夜排队购买苹果公司的最新产品，怀疑论者可能包括你的祖父母。

用户对新事物是否持开放态度的巨大差异，是创业者需要思考的问题，因为把产品卖给为数不多但急于购买的人，与卖给基数很大但不愿购买的人存在显著差别。

这个问题可能会变得愈发严重。例如，营销人员有时会说全球大约有20万人热衷于尝试新事物，但又不想付太多的钱。如果正是这些人在早期赞美了你的产品，他们就会向你释放错误信号。关于这个问题，杰弗里·摩尔经典在著作《跨越鸿沟》中给出了最佳描述。

资料来源：拉斯·特维德，马斯·福尔霍. 创业：从初创到成功 [M]. 王晋，译. 北京：中信出版社，2020：344-350.

10.2 实践实训：创业风险访谈

10.2.1 实训项目内容①

本实训项目的内容是：访谈一个创业者或者企业家，了解他在创业和企业经营过程中遇到的风险，他采取了哪些措施来防范和化解风险。

---

① 吴晓义. 创业基础：理论、案例与实训 [M]. 2 版. 北京：中国人民大学出版社，2019：117-118.

10.2.2 实训的目的与要求

许多企业的失败不是因为创业者没有努力工作，而是因为创业者没有及时识别创业风险并作出响应。本实训将要重点培养学生对各种创业风险的识别能力、分析能力和管理能力，以便为今后的创业行为打下基础。

10.2.3 实训的组织

（1）道具准备：笔和纸。

（2）学生准备：学生分组，3~4人一组。准备访谈提纲，提前和访谈对象取得联系。

10.2.4 实训步骤

（1）课外访谈。

在访谈创业者或企业家前，一定要做好准备工作，如礼貌约见访谈对象，做好访谈提纲设计，提前对受访企业及所在行业进行了解等。在访谈过程中，要注意把握访谈进度，提出有针对性的问题，并做好记录。

（2）课堂分享与讨论。

①各小组整理访谈内容，制作PPT，课堂上进行分享。

②小组间相互点评。

③共同思考与讨论：大学生创业有哪些风险？如何规避和控制这些风险？

10.2.5 教师总结与评价

教师应该结合学生访谈实践活动，对大学生创业风险进行总结。

[知识拓展]　　　　　　　　大学生创业的七大风险

上海向阳生涯管理咨询有限公司首席职业规划师洪向阳认为，大学生创业的风险主要包括以下七个方面：

（1）管理风险。创业失败的原因基本上都是管理方面的问题，其中包括决策随意、理念不清、患得患失、用人不当、忽视创新、急功近利、盲目跟风、意志薄弱等。大学生的知识结构单一、经验不足、资金实力不强、心理素质较差，这些特征会增加大学生创业的风险。

（2）资金风险。资金风险在创业初期会一直伴随在创业者的左右。是否有足够的资金是创业者遇到的第一个问题。企业创办起来后，创业者就必须考虑是否有足够的资金支持企业的日常运作。对于初创企业来说，如果连续几个月入不敷出或者因为其他原因导致企业的现金流中断，都会给企业带来极大的威胁。相当多的企业在创办初期因资金紧缺而严重影响了业务的拓展，甚至错失商机而不得不宣布倒闭。

（3）竞争风险。寻找蓝海是创业的良好开端，但并非所有的创业企业都能找到蓝海。更何况，蓝海也只是暂时的，所以竞争是必然的。如何面对竞争是每个企业都要随时考虑的事情，而对创业企业更是如此。如果创业者选择的行业是一个竞争非常激烈的领域，那么在创业之初，极有可能受到同行的强烈排挤，一些大企业为了把小企业吞并或挤垮，常会采用低价销售的手段。对于大企业来说，由于规模效益或实力雄厚，短时间的降价并不会对它造成致命的伤害，但对初创企业来说，这可能意味着彻底的毁灭。因此，如何应对来自同行的残酷竞争是企业生存的必要准备。

（4）团队分歧的风险。现代企业越来越重视团队的力量。创业企业在诞生或成长过程中最主要的力量来源一般都是创业团队，一个优秀的创业团队能使创业企业迅速地发展起来。但与此同时，风险也就蕴含在其中，团队的力量越大，产生的风险也就越大。一旦创业团队的核心成员在某些问题上产生分歧不能达到统一，就极有可能会对企业造成强烈的冲击。事实上，做好团队的协作并非易事。特别是与股权、利益相关联时，很多初创时合作良好的伙伴会闹得不欢而散。

（5）核心竞争力缺乏的风险。对于具有长远发展目标的创业者来说，他们的目标是不断地发展壮大企业，因此，企业是否具有自己的核心竞争力就是最主要的风险。一个依赖别人的产品或市场来打天下的企业是永远不会成长为优秀企业的。核心竞争力在创业之初可能不是最重要的问题，但要谋求长远的发展，它就是最不可忽视的问题。没有核心竞争力的企业终究会被淘汰出局。

（6）人力资源流失风险。一些研发、生产或经营性企业需要面向市场，大量的高素质专业人才或业务队伍是这类企业成长和发展的重要基础。防止专业人才及业务骨干流失应当是创业者时刻需要注意的问题，在那些依靠某种技术或专利创业的企业中，拥有或掌握这一关键技术的业务骨干的流失是创业失败的最主要风险。

（7）意识上的风险。意识上的风险是创业团队最内在的风险。这种风险是无形的却有强大的毁灭力。风险性较大的意识有投机心态、侥幸心理、试试看的心理、过分依赖他人、回避责任的心理等。

洪向阳认为，大学生在创业过程中所遇到阻碍并非仅此七点，企业在发展过程中，随时都可能有灭顶之灾的风险。保持积极的心态，多学习，多汲取优秀经验，结合大学生既有的优势，我们相信，大学生创业的脚步，会越走越远，越走越稳。

资料来源：吴晓义.创业基础：理论、案例与实训［M］.2版.北京：中国人民大学出版社，2019：95-96.

10.3 案例实训：创业风险与创业失败管理

10.3.1 实训项目内容

阅读以下背景材料，然后进行课堂讨论。

案例1 经营彩色钥匙：小本生意的失败教训

随着经济的发展和人们生活水平的提高，如今时尚的装饰品已经遍及生活的方方面面。钥匙也成为时尚产业大做文章的载体。彩色钥匙，既保留了传统钥匙的使用功能，又具有时尚绚丽的外表，还成为彰显个性的绝佳方式，那它是不是一个绝佳的商业机会呢？

与此同时，特许经营作为一种快速扩张的商业模式，逐步为国内企业界所认识，越来越多的企业开始采用特许经营的方式拓展市场。广大中小投资者也对加盟创业这样一种创业方式越来越熟悉、越来越认同。那么，在特许经营体系统一经营培训、统一品牌形象、统一采购、统一配送、统一宣传推广的模式下，加盟创业者是不是就没有风险了呢？

2004年8月，小李看准了彩色钥匙这个小本经营项目，经过认真的考察和细致的分析，他选择了一个叫"千色"的彩色钥匙品牌，成为千色彩匙的加盟商。千色彩色钥匙使用超硬度的合金材料、韩国新型的高分子喷涂技术生产。与其他同类产品相比，千色彩色钥匙不易折断，喷涂层不易脱落、不易磨损，进出锁孔200次以上仅有轻微划痕。虽然千色彩色钥匙成本较高，但它的质量很好。小李认为，作为主要卖点的彩色涂层是每个消费者首先关心的问题，在图案花色相差不大的情况下，相较于选择那些甚至可以用指甲刮脱表层图案的产品，选择一个质量有保证的品牌，对于消费者在接受这个产品的过程中建立起他们的消费信心是至关重要的。

千色公司的加盟费是3 000元，公司会配送卧式和立式配匙机各1台，工作服2套，小饰品展架4个，以及名片和宣传画等物品。加盟商的首次进货量必须在30条匙胚以上，而普通匙胚单价加上运费和损耗相当于2.1元。小李走访了一些配匙点，找好常用的匙型订了货，又向千色公司进了一些钥匙包、钥匙扣等小精品，付了加盟费和货款共计12 000元。小李又在市中心人流量量大的商业步行街租下了一间约6平方米的小店面，月租2 800元，押金是2个月租金，租期为半年。小李预计每天的营业额在400元左右，产品成本和销售费用约230元，净利润每月可达500元，5个月即可收回全部投资。

在开业之前，小李请人到各大学校、商业旺区有目的地派发了宣传单，每张宣传单上都标明了店铺地址和开业日期，因此在开业那一天，店里人气很旺，可是配了一些钥匙出去以后，出现了顾客回家开不了锁的情况。于是，小李请人检查了2台配匙机，发现卧式配匙机的精度不准，需要调校，而立式配匙机更是需要修理后才能使用。原来千色公司为了压缩成本，采购的是价格低廉的劣质配匙机器，精度差到了无法使用的程度。而且为了保守所谓的"商业机密"，千色公司删除了生产配匙机厂家的地址和联系方式，想请求厂家维修或者调换能够正常使用的机器根本就不可能。万般无奈之下，小李只得花了800多元重新购买了2台配匙机。

小李原来预计每天销售彩色钥匙40把左右，但实际上每天只能售出10余把。其实许多顾客进店后有消费的意向，但最终都放弃了购买。其原因有如下两条：一方面彩色钥匙有数百种图案，50余种匙型，上万种搭配。顾客有喜欢的图案但匙型却对不上；顾客有合适的匙型却不喜欢那些现有的图案。另一方面，各地的钥匙型号千差万别，不同的型号之间往往有非常细微的差别，于是有的顾客在一大串钥匙里只能配上一两条的情况下放弃了消费。在配制钥匙的过程中，开齿位表面必须磨去一层作修整，虽然这是正常现象，不影响匙柄的公仔图案，但是一些挑剔的顾客却以此为由拒绝付款，小李只能先收款再配钥匙。更多的顾客则是觉得价格偏高，配一条彩色钥匙需要10元，而配一条普通钥匙只要1~2元。

经过一番思考，小李决定把单品价格从10元降到8元，又请那些没有找到合适匙型的顾客留下联系方式，跟千色公司定制了以后再通知顾客购买，但效果还是不理想。

顾客对于单价从10元到8元的价格降幅并不敏感，当时没有找到合适匙型的顾客的消费欲望只是一闪而过，事后很少愿意专程回去购买，只有极个别顾客抱着千金难买心头爱的心理接受了定制的货品，可是以每盒50条的进货方式也使小李的积货越来越严重。

最令小李头疼的是他没有专业技术，没有办法将相似的匙型改制成所需的匙型。而且彩色钥匙的材质是超强硬度的合金，不但对配匙机有相当严重的磨损，而且对于加工者的技术要求也更高，即便请熟练的配匙师父也无法避免出现钥匙开不了锁的情况。

小李想到一些精品店和配匙点做彩色钥匙的批发业务，但小李在推销过程中发现，精品店没有配匙服务根本无法销售，而配匙点又兼营修单车、补皮鞋等业务，彩色钥匙陈列在那样简陋的摊点上也无法以精品的价格销售。彩色钥匙批发的利润每把只有约0.6元，每个月能批出去600条左右，这笔300多元的收入还不够支付交通和通信费，更不用说广告费用了。

虽然使出浑身解数，但小李每天的营业额仍然只有100余元，可是营业开支却需要近200元，在苦苦支撑了3个月之后，小李最终放弃了彩色钥匙的经营。

资料来源：张萧，李燕. 创业管理［M］. 北京：机械工业出版社，2020：81-82.

案例2　最倒霉连续创业者

在创立美团之前，王兴被称为最倒霉的连续创业者。他的很多创业项目都接连失败：校内网（人人网的前身）之前的产品，失败原因在于创业方向不对；创办校内网，方向没问题，但死于资金链断裂；创办饭否（类似微博），资金链没问题，却因为缺乏人脉而倒下。

2015年10月，美团和大众点评合并，成为团购市场具有绝对竞争优势的领头羊，就此，王兴是否迎来创业生涯中的春天，还需要拭目以待。

10.3.2　实训的目的与要求

创业者应当能够辨识、评价创业风险，在不断变化的市场需求中，逐渐形成科学有效的风险管理机制。通过案例分析，学生应该进一步了解风险识别与管理的重要意义。

10.3.3　实训的组织

（1）材料准备：笔和纸。
（2）场地准备：多媒体教室。
（3）学生准备：学生分组。

10.3.4　实训步骤

采取小组讨论、头脑风暴等方法，集思广益。
分组讨论的问题如下：
①如何看待创业失败？
②结合案例材料，分析创业失败的原因和创业失败的成本，讨论应该采取哪些措施以防范创业风险？
③结合案例材料，分析讨论上述案例给你的启示。
④如果你创业失败了，你希望怎么面对自己和他人？你希望别人怎么面对你？如何应对和管理创业失败后的负面情绪？

⑤有人说："既然创业风险这么高，创业失败率这么高，大学生就别去创业了！"对此，请谈谈你的看法。

完成讨论后，各小组选出一名代表对本组讨论内容进行总结。各小组间互相点评，并由专业教师或创业导师予以评价。

10.3.5 教师总结与评价

教师从创业风险及失败管理的角度对本节课的内容进行总结。建议教师用 PPT 列示主要知识点，并向学生展示创业失败的案例，结合宏观统计数据向学生展示创业失败现象的普遍性，让学生认识到创业失败是常态。

[知识拓展]　　　　　　　智慧型失败

今天，企业领导者面临的市场环境越来越难预测，这已不是什么新闻了。在动荡不安的局面下，失败比成功更为常见，这也不足为奇。然而，不可思议的是，我们竟然没有通过组织设计去管理和减少失败以及从失败中汲取经验教训。大多数组织对失败抱有很大的偏见，也不曾系统地研究过失败问题。高管们不是力图掩盖错误，就是声称在企业经营中出错是难免的。失败成了一个人人回避的话题，人们害怕影响自己的前程，到最后都不敢再冒险了。

失败会浪费资金，削弱士气，得罪客户，损害声誉，影响个人前途，有时还可能造成悲剧。然而，在变化无常的环境中，失败是难免的；如果管理得当，失败也能对我们非常有用。事实上，如果一个组织不能平和地看待失败，它可能就无法承受创新和成长过程中必然存在的风险。

所以，与其逃避失败，不如培养一些"智慧型失败"（intelligent failure）。1992 年，杜克大学（Duck University）的西姆·希特金（Sim Stikin）在《组织行为研究》杂志上发表了一篇题为 "Learning Through Failure: The Strategy of Small Loses" 的文章，在文中他提出了"智慧型失败"这个概念，该理念让组织变得更加灵活，更能承担风险，也更懂得组织学习。

（1）失败的好处。

①获得更多的选择。

一项行动可能出现的结果越多，成功的概率就越低。如果你多尝试几次，就能提高胜算。在高风险环境中运作的企业就运用了这种逻辑，如风险投资公司（其投资成功率约在 10%～20%），制药公司（一般先研制出数百种新分子实体，才会有一种新药面世）、电影制作公司（调查表明，1.3% 的电影赢得了 80% 的票房收入）等。

②了解哪些尝试是行不通的。

许多成功产品都是建立在失败项目的基础之上。从某种程度上来说，苹果公司的 Macintosh 电脑就是在失败的 Lisa 项目基础上发展起来的。Lisa 产品如今已经被人遗忘，但它率先采用的图形用户界面和鼠标操作，仍在今天的电脑中广泛应用。

在高度不确定的环境中，传统的市场调研方法几乎没有什么用。如果你在 1990 年问别人，他们愿意为网络搜索付多少钱，没人能听懂你在说些什么。在实用的搜索引擎问世之前，企业需要开展大量的试验。早期的运营者尝试采用付费搜索的经营模式。后来一些公司探索出基于广告的经营模式。再后来，谷歌开发了一套系统，使该经营模式的盈利能力实现了最大化。如果没有前面这些试错，谷歌很可能无法打造出我们今天所熟知的基于算法的搜索工具。

③创造条件，吸引资源和注意力。

企业往往不断去寻找新的项目，而不是花时间去解决现有项目存在的系统问题。因此，如果企业让大问题显现出来，才能投入全部精力去解决问题，为成功创造条件。

④为新领导者腾出位置。

一个令人悲哀的现实是：即使到了今天，许多领导者仍是由其他人按照固有模式挑出来的。这种"守本分"的领导者不会去质疑那些心照不宣的假设和想当然的规则，结果令整个产业深受其害。只有当这些假设和规则被证明无效时——不幸的是，这往往发生在企业遭受重创的时候——董事会才会另择贤才。不过，这样的改变可能带来奇效。美国汽车制造业就提供了这样一个案例。谁会想到，艾伦·慕拉利（Alan Mulally）这位波音公司（Boeing）的前任高管，在出任福特公司（Ford）的 CEO 后，能够鼓舞人力、力挽狂澜？

⑤培养直觉和技能。

研究人员指出，人们所说的直觉，实质上就是高度发展的模式识别能力。那些没有经历过失败的人，其直觉所依赖的经验体系存在一种关键的缺失。许多风险投资者都有一个原则：不把资金投给从未经历过失败的创业者。

Xbox360 是微软（Microsoft）进军游戏领域的一款成功产品。该产品的研发团队曾经经历过多次失败，包括 3DO 游戏平台、WebTV、苹果公司问题不断的显示业务，以及微软短命的 UlmitateTV 业务。由于积累了无数次失败的经验，团队成员在研发过程中能够识别警示信号，正确地调整方向。例如，早期的 Xbox 产品使用外部厂商的芯片，价格昂贵，据称 2001—2005 年微软在该业务上亏损了约 40 亿美元。于是，Xbox360 团队选择了其他厂商，与它们密切合作开发芯片并保留了知识产权，从而使该产品很早就开始盈利。

（2）智慧型失败的原则。

显然，并非所有失败都有用。有些失败，哪怕能够为我们提供宝贵的经验教训，也应当不惜一切代价加以避免。但如果你也认为，在动荡不安的环境下失败有时是难免的，那么我们就有必要制订相关计划，对失败加以管理，并从失败中学习。在许多情况下，企业还要把它们看作实验，而不是失败。

资料来源：http://www.chnstone.com.cn/Research/dc/dishiwuqi/201109151634.html.

10.4 情景实训：创业风险识别

10.4.1 实训项目内容

创业团队应该结合具体情景，对创业项目进行风险识别①。

背景材料：请任选一个事件，指出你发现的风险；试分析引起该风险的原因和可能出现的损失，并给该风险归类；思考这些风险的来源是什么。

---

① 杨文超，王超，雷刚跃. 驾驭未来：创新创业基础与实践教程［M］. 镇江：江苏大学出版社，2019：107-109.

事件简介：

（1）马云玩足球：2014年6月，马云以12亿元收购恒大俱乐部50%股权。

（2）三大咖携手挺进O2O：2014年8月，万达与百度、腾讯共同成立电商公司，首期投资50亿元。

（3）贝思客：互联网烘焙品牌，其主要特色为"极致蛋糕"原料进口、云订单系统、价格游戏、2小时云配送。

（4）乐博乐博：通过线下培训班的形式，教4~12岁的小朋友组装搭建和运行机器人，目前已有21家直营店，38家加盟店。

（5）蓝橡树：垃圾收集者将含有贵金属的垃圾送到公司，公可收取前期加工费。在提炼出金属并出售后，将大部分利润回馈给垃圾收集者。

（6）你和你的合伙人一起创办了一个咨询公司。在经营过程中，你们两人在管理和营销决策方面经常出现分歧，且各自都觉得自己的想法是对的。由于两人意见经常不一致，矛盾越来越尖锐，你的合伙人经常不来公司，独自在外揽项目，且不经过公司的账目。

10.4.2　实训的目的与要求

学生需要找出问题的根源，针对存在的风险找出有效的应对方法，不断培养识别、评估和防范风险的能力。

10.4.3　实训的组织

（1）材料准备：笔和纸。
（2）场地准备：多媒体教室。
（3）学生准备：学生分组，每组选一个项目。

10.4.4　实训步骤

本实训的具体活动流程如下：

（1）各小组成员就上述资料中提出的问题进行讨论，将自己的看法在组内分享，并写一份约800字的分析报告。

（2）各小组负责人安排小组成员制作PPT，课堂汇报小组讨论结果。

（3）各小组互评，根据评分表给定分数，并填写表10-1。

表10-1　活动评价表

评分标准	满分	实际得分	备注
能识别出不同类型的风险	25		
能针对各种风险提出应对措施	25		
风险识别准备，措施合理有效	25		
积极参与讨论，发表见解	25		
总分	100		

10.4.5　教师总结与评价

教师应该对活动进行点评，总结创业可能存在的风险及防范措施。

10.5 实践实训：创业风险分析

10.5.1 实训项目内容

本实训项目的内容是：创业团队对创业项目进行风险分析。

10.5.2 实训的目的与要求

学生能够理性地分析创业过程中的风险，并制定相应的防范措施。

10.5.3 实训的组织

（1）材料准备：笔和纸。
（2）场地准备：多媒体教室。
（3）学生准备：学生分组并已有相应的创业项目。

10.5.4 实训步骤

（1）以团队为单位，结合本团队的创业项目，采用团队讨论、头脑风暴法等，分析创业项目中可能存在的风险及提出相应的防范措施，并以文字形式记录下来。

问题1：创业有什么风险？
问题2：如何才能识别创业风险？
问题3：应该如何防范创业风险？
问题4：讨论3个可能导致创业失败的财务问题的例子。
问题5：讨论3个可能导致创业失败的管理问题的例子。

讨论结束后，学生应将结果记录在表10-2中。

表10-2　创业的风险识别和防范

创业的风险	创业风险的识别	创业风险的防范
风险1：		防范措施1：
风险2：		防范措施2：
风险3：		防范措施3：

（2）各小组将分析结果制作成PPT，由团队代表上台展示。
（3）学生对展示作品进行互评。
（4）教师对活动进行点评。

10.5.5 教师总结与评价

教师应该对活动进行点评，总结大学生创业可能存在的风险。

[知识拓展]　　　　　面对创业逆境的创客法则

①也许创业成功是一件无比荣耀的事情，但是创业本身却是一个向死而生的过程。

身处其中的创业者，不是要享受人们的赞美和市场的礼遇，而是要解决一个又一个难题，在处理难题的过程中，等待"命运"最终的裁决：也许，你会取得暂时的胜利，但更多时候，你会一败涂地。

②对任何公司来说，创业没有所谓到达成功彼岸之说。只要公司行走在经营之路上，此前无论取得何种成就，都不能换回一张驶往未来之路的"通行证"。该遭遇的暗流险礁，一样都不能少。

③逆境不会因为企业的级别而有所差别。只不过，那些知名的企业已经身经百战，或者已经练就一身应对逆境的策略，或者对逆境更有抵抗力，可能不会匆匆倒下。但这并不意味着：初创企业就能有如此"好运"。作为创业者，你要相信，逆境才是常态。

④虽然我们一再想告诉创业者如何做正确的事情，不要把事情搞砸。但是，问题从来不会因为你做好了准备就绕道而行。对于创业者来说，或许更有价值的问题是：当已经把事情搞砸时，你该怎么办？

⑤在创业路上，坚持的效用如同中药的"药引子"，起到向导的作用，缺之不可；唯有此却不可能药到病除。咬牙坚持也有主动和被动之别，只有在掌握应对逆境切实有效的方法的同时，选择坚持不放弃，才会有希望

⑥你以为的资本寒冬并不一定就是寒冬。有独立见解、善于捕捉机会的投资人，不会因为冬天来临就选择"冬眠"。

⑦面对巨头挡在创业之路上，初创公司最明智的选择，就是打差异化之牌，寻找自己独特的竞争优势。

⑧既然大家能够因为一个共同目标走在一起创业，但在出现分歧之后，切忌着急一拍两散。投资人给出的建议是：如果有误会，要把它摊开，坦然面对自己，要把自己打开。

⑨不是所有的矛盾都能通过沟通来解决，创业团队内部不和怎么办？一个有效的解决方案是：快速处理，不能拖泥带水。

⑩在创业这条道路上，资金太多、资金太少都是难题。对创业者来说，要想解决这两个难题，就要学会因时而动：资金较多时，企业就要把握好花钱的节奏；资金较少时，企业就要以战略取胜。

资料来源：艾诚. 创业的常识［M］. 北京：中信出版社，2016.

[资料小链接]　　　　　　**不断提高应对风险挑战能力**

中国共产党已经走过 100 年的辉煌历程。习近平总书记指出："我们党一步步走过来，很重要的一条就是不断总结经验、提高本领，不断提高应对风险、迎接挑战、化险为夷的能力水平。"不断提高应对风险挑战的能力水平，是我们党的优势所在。

100 年来，中国共产党遇到过无数风险挑战。比如，中国共产党成立后的很长一段时间，革命处于敌强我弱的态势，因此不可避免地遇到很多困局和危机。再如，虽然我国地大物博，但各地发展很不平衡，地震、洪涝等自然灾害多发。当前，我国发展面临着前所未有的风险挑战，既有国内的也有国际的，既有经济、政治、文化、社会等领域的也有来自自然界的，既有传统的也有非传统的。风险挑战是客观存在的，既有可以预见的，也有难以预见的。有力有效应对各种风险挑战，必须不断提高应对风

险挑战的能力水平。

总结经验、遵循规律。100年来，中国共产党在历经艰辛、饱经风雨的长期摸索中积累了许多饱含着奋斗和牺牲、凝结着鲜血和汗水、充满着智慧和力量的宝贵历史经验。提高应对风险挑战的能力，要从这些宝贵历史经验中提炼出克敌制胜的法宝，总结运用党在不同历史时期成功应对风险挑战的丰富经验，做好较长时间应对外部环境变化的思想准备和工作准备。同时，在始终遵循事物发展规律的前提下，不断增强辩证思维能力，认清风险挑战带来的危与机，既要努力化险为夷，还要努力转危为机，把党和国家事业不断推向前进。

提升制度效能、发挥制度优势。应对风险挑战，要善于在危机中育先机、于变局中开新局，从优势中积胜势。习近平总书记指出："健全各方面制度，完善治理体系，促进制度建设和治理效能更好转化融合，善于运用制度优势应对风险挑战冲击。"应对风险挑战，要求我们进一步坚持和完善中国特色社会主义制度，推进国家治理体系和治理能力现代化，科学研判、精准施策，把握正确方向。抗击新冠肺炎疫情取得重大战略成果，就充分彰显了我国国家制度和国家治理体系的显著优势，充分发挥了坚持全国一盘棋，调动各方面积极性，集中力量办大事的显著制度优势。

以不断深化改革积极防范化解风险。改革是推动国家发展的根本动力，也是应对风险挑战的关键一招。习近平总书记强调："要把推进改革同防范化解重大风险结合起来，深入研判改革形势和任务，科学谋划推动落实改革的时机、方式、节奏，推动改革行稳致远。"面对前所未有的机遇和挑战，我们要从最坏处着眼，做最充分的准备，朝好的方向努力，争取最好的结果，不断深化改革，发挥好改革的突破和先导作用，战胜挑战、化解风险，牢牢抓住风险挑战中蕴含的机遇。

应对风险、迎接挑战、化险为夷的能力，是我们党的宝贵财富，保证党和国家事业渡过了一个又一个难关和困局，取得了一个又一个胜利和成就。我们一定要把党的百年历史积淀下来的宝贵经验传承好、发扬好，并在新的历史条件下进一步总结好党的成功经验，不断提高应对风险挑战的能力水平，向着第二个百年奋斗目标砥砺奋进。

资料来源：人民网．不断提高应对风险挑战能力［R/OL］．（2021-09-02）［2021-10-01］．https://baijiahao.baidu.com/s?id=1709737083318857175&wfr=spider&for=pc.

教学建议：教师在教学中要结合本章训练内容引导学生思考"风险防范意识"，思考"如何防范风险"和"如何应对风险"；引导学生能深刻理解不断提高应对风险挑战的能力水平，是我们党的优势所在，要不断总结经验、提高本领，不断提高应对风险、迎接挑战、化险为夷的能力。